内なる異性

内なる異性

アニムスとアニマ

エンマ・ユング

笠原　嘉
吉本千鶴子＝訳

海鳴社

Emma Jung

EIN BEITRAG ZUM PROBLEM DES ANIMUS

Psychologische Abhandlungen IV. Raxcher, Zürich 1947.

DIE ANIMA ALS NATURWESEN

In: *Studien zur Analytischen Psychologie C. G. Jung.*

Rascher, Zürich 1955.

もくじ

アニムスの問題のために

序

原初的自然的な見方からすれば、心は単一というより、むしろ漠然とした多重の構成体である。この事実は霊魂や心に関するあらゆる国の人々の表象の中にあらわれている。そういった霊魂や心は、すでに誕生前か誕生時に人間の内部にひきこまれ、あるいは後になってなんらかの機会に人間にとりついたりして、人間の内部に宿り、人間のなかでその働きを発展させる。それはときには家霊ないしは種族の魂と考えられ、ときには、特定の人間に属しはするものの、元来は動物の内部に宿ると考えられた。いわゆる野の霊とされる(1)。民間信仰や神話やお伽噺のなかでは、善と悪の巨人と小人に、妖精と魔法使いに、またしばしば死者たちの霊魂に、ときには動物たちに、似た意味が付与されている。

こういう諸表象は誰にも無媒介的に知られているあの体験から生まれる。つまり、私たちはときおり自分にはまったく異質に思える状態や激情におそわれたり、自分には無縁の衝動や感情や思考や心像を心に浮かべたりする。しかも、このような激情は私たち自身の考えや意図とは鋭く対立することが多いので、それはそれ自体で成り立っている、私たちとはちがった存在が姿をあらわしたのだと思うほどである。

パウロが《私の欲する善を私は行わず、私の欲しない悪を私は行う(2)》というとき、まったく同じ体験が語られている。つまり、私たちの中でときおり私たちのあずかり知らぬ意志があらわれて、私たち自身が望んだり是認したりするところの反対を行うという体験である。この別の意志が行うのはかならずしも悪とはかぎらず、善を欲することもあり、そのときには指導的鼓舞的な、より高い存在と感じられる。ソクラテスのダイモニオンの意味での守護神とか守護の霊といったように。それは善とか悪とよびうるたぐいのものではなく、ただ、不意打ちをくらわす、自分の意欲や思念とは異なる他者であって、まるで見知らぬ霊魂によって活力をふきこまれたり、とり憑かれたりするといった印象をよびさます、そういったものなのだ。

こういう種類の表象を生み出す源泉が、同様に、だれにでも直接的無媒介的に与えられる夢や空想活動という体験をつくり出すのである。

科学的合理主義はこうした事柄の意義を忘れ、自我意識を精神《プシケ》の全体と思いこんでしまったのだったが、現代の医学的心理学はあらためて、ここに述べた太古的な諸表象とおどろくべき親近性をもつ考えに到達した。つまり、意識された自我とは精神から切り取られた断片にすぎない、と考えることを私たちにうながしたのである。なぜなら、ある種の現象は、とくに異常な精神生活においては、自我意識の外にも精神領域があるとすることによってしか説明できないからである。夢のみならずその他の多くの了解不能な現象や症状も、そうした領域の中にある内容や働きによってしか説明できないからである。意識外にあるこうした精神領域は《無意識》という呼び名で要約される。ジャネ(Janet)、フルールノイ(Flournoy)、ブロイアー(Breuer)、フロイド(Freud)やその他の学者たちはこのような無意識的精神の存在に対する証明を提出したのだった。

無意識が存在すると言明するだけでは満足できなかった。なぜならこの概念はただ特定できぬものの消極的なものを表現するにすぎなかったからである。つぎの段階は、この無意識的なものがどのようにしてつくられ何を包含するかを究めることであった。

C・G・ユング(Jung)の仕事はとりわけくわしく、無意識の構造の探求と無意識の内容の探索にかかわるものである。無意識に関するフロイドの学説は沈殿物をもっぱら意識的人格にとり不適当で望ましくなく、その上まるきり無用なものとみなしたが、ユングは個人的無意識と非個人的ないしは集合的無意識との間を区別する。個人的無意識は《個人的存在のすべての取得物……すなわち忘れられたものや、抑圧されたものや、意識外で知覚されたり考えられたり感じられたりするものを含む。しかしこの個人的無意識内容とならんで、別の内容が存在する。それは個人が獲得したものではなく精神的機能一般の遺伝可能性、つまり遺伝された脳構造から発する。これは神話的関連であって、歴史的伝承や伝播なしにもいつでもどこででも新しく発生しうる主題であり形象である(3)》。

さらに研究がすすんで、つねにいたるところできわだって浮かび上がることの多い典型的な一連の心像や形姿のあることがわかった。たとえば英雄、怪物、魔法使い、父、母、老賢者、子ども等の形姿である。これらの形姿をユングは《太古的心像あるいは元型(4)》とよぶ。なぜなら、これらはまったく普遍的で無時間的な形姿であり、理念《イデー》にまでなり得た形姿だったからである。

このような元型の中にはとりわけて大きな意義をもつものが二つある。この二つは、一方ではその個人の人格に属し他方では集合的無意識に根ざしながら、個人的なものと非個人的なものの間を、そしてまた意識と無意識の間をつなぐ一種の結合肢ないしは橋を形成するからである。この二つの形姿を——その一つは男性であり他は女性であるが——ユングはアニムスとアニマと名づけた(5)。彼はそれを外面的人格に対して補償的にふるまう機能的複合体と考えた。いわば内面的人格であって、外面的、意識的、表在的な人格には欠如した性質を示している。これは男性では女性の、女性では男性の性質である。それは正常な場合にもある程度は必ず存在するが、ただし外界への適応には、あるいはまだ現存する理想にとっては元来邪魔なものなので、外界へとさしむけられた人間には存在の余地をみいだしにくいものであった。

これらの二つの形姿の特徴は、その人のその都度の異性的素因によって決められるばかりでなく、その人が人生の中でもつもう一方の性の代表者との経験によっても、さらにまた男性が女性についての、女性が男性について遺伝的にうけついでいる集合的心像によっても規定される。こういった三つの要因が一つのものに凝縮される。それらは単なる心像でも経験でもなく、むしろ一種の実体であり、その働きは他の精神機能に有機的にくみこまれることなく、己の法則にしたがって動く。かくてなにか自分ではないものがときには協力的に、ときには破壊的とはいえないまでも妨害的に、個人生活の中にくいこんでくる。したがってこの大いなるものにかかわりをもち、その働きを明らかにしようとする動機の全てを人々はもっているのである。

次の章で私がアニムスの形姿とあらわれ方をまるでそれが現実であるかのように述べようとするのは、具体的現実には較べられぬとはいえ、それに劣らぬ効力をもつところの心的現実(6)がこの際問題であることに読者の注意をむけたいからである。

この仕事はアニムスの或る様相を考察する試みであって、この途方もなく複雑な現象を完全に理解できると主張するものではない。アニムスとは与えられた不変恒常的なものであるのみでなく、精神的な過程でもある。しかしここでは、アニムスが個人との関係において、また意識との関係においてて、どのような現われ方をするかをとりあつかうにとどめよう。

1　アニムスのあらわれ方

私の出発する前提は、アニムスでは男性的本質が問題だということである。以下、そのことのあとをたどり、はっきりさせてみたいと思う。

男性の本性はどのように特徴づけられるか。ゲーテは聖ヨハネ福音書の翻訳にとりかかったファーストにこう自問させている。《はじめに言葉ありき》という文句より《はじめに力ありき》とか《意味ありき》の方がよいのではないか、と。そして最後に《はじめに行為ありき》と書かせている。ギリシャの《ロゴス》を再現するようなこの四つの表現は実際に男性の本性の核心であるように思われる。と同時にそれらには順位が与えられている。この段階の各々は実生活の中にもアニムスの発展の中にもそれぞれの代理者をもつ。第一の段階は力であり、それに行為と言葉がつづき、そして最後の段階として意味がある。力というより方向づけられた力、つまり意志という方がもっとよいかもしれない。単なる力はまだ人間的とはいえず、また精神的でもないからである。ロゴス原理をあらわすこの四つの順位は、私たちの見るように、前提として意識性という要素をもっている。それなしには意志も行為も言葉も意味も考えられない。さて、肉体的な力によって特徴づけられる男性が存在したり、また行為の、言葉の、意味の男性が存在したりするのと同様に、女性の内なるアニムス像もまた、女性のその時その時の段階ないし素質に対応していろいろに変わる。こうした心像は、一方ではそれに似た現実の男性へと転移されるが、他方では夢や空想の中にも姿をあらわす。そして最後に、それは生きた心的現実であるがゆえに、彼女の全体的態度に内部から一定の色調を与える。素朴な女性ないし若い女性にとって、あるいはまたすべての女性の中の素朴性にとって、肉体的な力と敏捷さという特徴をもつ者こそがアニムス代理者である。物語の中のおきまりの英雄や今日のスポーツ選手、カウボーイ、闘牛士、パイロット等である。もっと要求水準の高い女性にとっては、行為を完遂する者が、自分の力を何か価値あるものにむけるという意味において、アニムス代理者である。もっとも、この場合力と行為は互いに規定しあうので、二つの間の移行はふつう流動的である。ついで言葉の男性や意味の男性はまったく本来的に精神的方向をあらわしている。なぜなら言葉と意味は主として精神的能力にかかわるからである。ここに狭義のアニムスがある。つまり女性の精神的指導者、女性の精神的資質として理解されるところのアニムスがある。アニムスはおそらくこの段階でこそもっとも問題になるだろう。そして私たちはいちばん長く時間をかけてここに留まらなければならないだろう。

アニムスの力と行為の段階を私たちが発見するのは英雄の姿の中にそれを投影することによってである。しかし、この種の男性性をすでに女性的本性と調和的にとり入れ活動させているような女性もいる。つまり積極的、精力的、勇敢で、行動力のある女性である。それとならんで、統合の過程がうまくいかず、男性的態度が女性性をしのぎ女性性を追い出してしまったような女性もいる。つまり必要以上に精力的で思いやりがなく粗野な男おんなであり、行動的なばかりか暴力的にまでなる悍婦《クサンティップ》である。多くの女性ではこの原始的で素朴な男性性が愛情生活のなかにも表現される。彼女の性愛は男性のもつ攻撃的性格を示し、女性の場合がいつもそうであるように感情により規定され感情と結びつくことがなく、性愛が人格の全体とつながらず、それ自体として機能する。こういうことは主に男性にみられることなのに。

しかし全体としてみれば、男性性のより原始的な形態は女性によりすでに同化されているとみなしてよい。一般的にいって、女性はとうの昔、女性的生活の中にその応用をみいだしていた。それ以外はまったく女性的な生活の中で、意志の強さ、目的意識、活動性および行動力を、もう長い間役に立つ力として使っている女性がいる。私にはむしろ今日の女性の問題は、ロゴスとしてのアニムス、つまり狭義の男性的精神に対する態度にあるように思われる。なぜなら意識の拡大、あらゆる領域でのいっそう大きな意識性は私たちの時代の避けがたい要求であり、また贈物であるように思えるからである。最近の五十年間の諸発見や諸発明とならんで、女性運動、つまり社会的な男女同権の闘いがくりひろげられたことも、そのことの一つの表現である。こういう努力の最悪の産物を――いわゆるブルーストッキングを――私たちはおそらく今日のりこえたといってよいであろう。女性は、自分が男性とは比較できぬこと、何はさておき自分は女性であり、またそうでなければならぬことを悟った。しかし、女性の内部にある男性的精神の一定量が意識に到達しかけていて、事実上彼女の人格全体の中にその場所と機能をみいださずにはおれなくなっている。だからその大きさを知り、それが有意義に働くことができるように秩序づけることが、アニムス問題の重要部分である。

ときとして、女性は精神的なことや知的なことを理解する必要がない、という意見を耳にする。それは男性の愚かな猿まねか、競争心からくる誇大妄想にすぎないといわれる。たしかにそれが当てはまる場が多いとしても、とくに運動の初期の現象には当てはまるにしても、こうした説明では事態は正しく判断されないだろう。尊大さとか高慢さが私たちを駆り立てて神のような――という　ことはつまり男性のような――傍若無人さの中にいたいと思わせるのでもなければ、またその昔のイヴが認識という木の実の美しさで私たちを誘惑するのでもなく、また蛇がそれをたべるように私たちをそそのかすのでもない。それは命令のように私たちに向かって発せられているのである。私たちは、このりんごが私たちにとって良かろうと悪かろうと、りんごに食いつくという不可避性の前に立っている。多くの人が、ともすればとどまりたがる自然性と無意識性のパラダイスから縁をきるという事実の前に、今や立たされているのである。

上部構造がたとえ別の感じを与えることがあるにしても、究極において事態はそうなのである。そして一つの重大な転回点が今や問題なのであるから、失敗や誇張やグロテスクなカリカチュアが生じたとしてもそれらをいぶかしがったり、そのことでおどろかされたりしてはならない。問題がはっきりととりあげられないと、つまり女性が意識化の要求ないし精神活動の要求に応じきれないと、アニムスは自動的になり否定的となり、個性そのものに、そして他人との関係にも、破壊的に働くようになる。これは次のように説明できるだろう。もし精神的な機能可能性が意識によってとりあげられない場合、そのためのリビドーが無意識のとりこになり、アニムスの元型が活性化される。この無意識へ転落したリビドーによってアニムス形象は自動的になり、巨大になり、意識的自我を圧倒し、ついには全人格を支配するようになる。ここでつけ加えておかねばならないのは、人間の底には自分が実現せねばならぬ或る観念《イデー》が含まれる、という考えから私が出発していることである。たとえば卵や種子の中に発生源としての本質の観念《イデー》が含まれる、とするのと同様である。私がいっているのは精神的な機能にとって一定であり、すでに準備されており、そのために使用されるはずのリビドー量のことである。経済の形でいいあらわそう。家計や事業の予算と似て、或る目的のために或る額がみこまれている。だが、時によって或る額がこれまでの適用項目からはずされることもある。その必要性がなくなったか、あるいはもう使用できなくなったからである。今日こういうことはさまざまの点で女性にあてはまる。まず彼女は、とくにプロテスタントとして、以前には自分の宗教的ならびに精神的要求を広く満たしてくれていた現存の宗教や教会の中に、もう満足をみいだせなくなっている。かつてアニムスは、それに属する問題点とともに、いわば彼岸に移しかえることができた――聖書の中の父なる神は多くの女性にとってアニムス像の形而上学的―超人格的観点を意味した――そして精神性が宗教の普遍的形式の中に納得できる形で表現されている限り、葛藤は起こらなかった。だが、そのことがもはや成就されぬ今日、私たち女性の問題ははじめて本来的な仕方で生じてきたのである。

さらに別の根拠を、私は、出産制限の可能性によって著しいリビドー量が解放されるという事情の中に見たい。これまで不断に内的に出産の準備状態をつくるのに用意されてきたリビドー量がいかほどの大きさであったかを、女性自身が正しく評価できるかどうか、私は疑わしく思っている。

三番目の原因は女性が文明技術を獲得したことの中にある。女性はそうした技術を獲得したために、以前には彼女たちが自分たちの発明の才や創造者の精神をその産出と保持のために使うことのできた多くの事柄を失ってしまった。

彼女が以前にはかまどの火をたきつけることでプロメテウスの行為を成就できた場所で、今日、彼女はガス栓や電気スイッチをひねる。しかも、こういう実用的革新によって犠牲にされるものやこうした喪失があとにのこす結果について、彼女たちはなんの予感ももたない。古い場所でもはやなされなくなったことがらを新しい場所で行おうとしても、それほど簡単にはいかない。次のような女性はたくさんいるだろう。精神的な要求が押し寄せてくるような場所に立ったとき、厄介で不安な精神的要求を避けるために、あるいは少なくとも延期しようとして《私はもっと子供がほしい》と思う。しかし早晩、精神的要求に応じるほうが好都合になってくる。というのも、生物学的要求は人生後半の中で自然におとろえていき、神経症やその他の病気にかかるまいとすれば、或る種の切り換えは避けがたくなるからである。しかも、私たちを新しい課題にたちむかわせるのは解放されたリビドーだけではない。たぶんイカロスの法則でもある。つまり私たちがその条件に盲目であっても、その支配下にあり、かつ避けることのできない時間的要因の法則である。私たちの時代はいたるところで意識の拡大を渇望する時代のように思える。私たちは心理学の中で無意識の発見と探求を行っている。同様に物理学では、たとえば、これまで知覚されずしたがって無意識だった放射線や振動のような現象と過程が検出されている。原子の世界のような、法則をもった新しい世界が開かれ、電信、電話、ラジオ、いろいろな種類の技術的に完成された器械が私たちに遠いものを近くし、また私たちの感官の知覚領域を地球全土、さらにそれをこえて拡大させている。あらゆるところに意識の広がりと明るみがあらわれる。こうした現象の原因と目的をこれ以上追及することは、ゆきすぎになるだろう。ここで私はただ、今日の女性にとり喫緊の問題であるアニムス問題を一緒に規定する要因として、このことをとりあげておきたい。

その際、問題は解放されたリビドーを新しい路線へと移し変えることだろう。このきりかえにこそ、私たちの知るように、すべての文化の基盤があり、そのきりかえの能力こそ人間を動物から区別する。しかしこの過程はまた最大の困難とも結びついている。それは殆ど罪あるいは犯罪である。神話が人類の堕罪として、あるいはプロメテウスの火の盗みとして示したところであり、また人びとが個人の生活の中で体験するところでもある。だからその際自然の流れが突き破られたり逆戻りしたりしても、危険な思い切った企てがなされたりしても、さほどおどろくに値しない。それだからこそこの過程はいつも宗教的観念や儀式と密接に結びついてきたのである。象徴的な死と再生の体験を伴う宗教的秘儀は、おそらくつねにこの神秘的で不可思議な変容の過程を意味するのだろう。

天国における堕罪やプロメテウスの火の盗みについての神話からわかるように、それはロゴスすなわち認識であり、人間をして自然を超えさせる意識性である。しかしその獲得は人間を動物と神との中間の悲劇的な立場へとつれていく。彼はそれを獲得することで、もはや母なる自然の子どもではなくなる。彼は天国から追放される。が、神ではない。なぜなら、プロメテウスが岩につながれたように、自分の身体とその自然法則とに逃れるすべもなくとらわれるから。このように精神と自然との間に吊り下げられひき裂かれてあるという在り方は、男性にとっては、すでに早くから熟知の悩みであるが、女性はやっと今この葛藤を実際に感じはじめたところである。そして意識性が高まるにつれ増大するこの葛藤と共に、私たちはここでもまたしてもアニムス問題に逢着する。それはつまるところ自然と精神との対立と一致の問題である。

私たちはアニムスの問題をいったいどのように経験するのか。私たちはこの精神的原理を実際にどのように体験するのか。

最初にアニムスが私たちにむかってあらわれてくるのは、外からである。子どもにとってたいていは父や父の立場に立つ男性の中にみいだされる。少し後になると教師、兄、夫、男友達のなかに、最後には精神的なものについての客観的な記録、教会、国家、社会とその制度、科学と芸術の創造、そういったもののなかにもあらわれてくる。女性にとってはたいていたい精神のこうした客観化への道は直接的には可能でない。彼女はそれをまず自分の指導者や媒介者である一人の男性を通じて発見する。こういう指導者や媒介者はアニムス像の荷い手であり体現者でもある。いいかえると、アニムス像がその人に投影されるのだ。この投影がうまくいく限り、つまり心像がその荷い手といくぶんでも重なる限り、まだ本来の葛藤は生じない。むしろ反対に、こうした事態がある仕方で完成されたようにさえ思われるかもしれない。とくにそう思えるのは、精神的なものを媒介してくれるその男性が同時に彼女に人間としても経験され、したがって彼と積極的な人間関係をもてる場合である。このような投影が持続的に設定されると、私たちは理想的関係とよべるものをもつことになる。理想的というのは葛藤がないという意味だが、しかしほんとうは葛藤はまだ無意識のままにとどまっているのである。けれども今日そのように葛藤を無意識におくことがもはや不可能なことは、次のような事実によって証明されているように私には思われる。つまり、こうした一見完全なアニムス関係の中で自分では幸せで満足していると思う女性の大半が、いや大半ではないにしても多くの女性が、同時にまた神経性ないし身体性の症状を呈しているという事実によって証明されているように私には思われる。非常に多いのが不安状態、不眠、全身の神経症的症状で、その他にも頭痛、視力障害、時には肺疾患のような身体病もあらわれる。私は、アニムス問題が喫緊の課題になったとき肺病になり、その課題がそれとして認められ、治療されたのち治癒した二、三の例を知っている(7)。(おそらく呼吸器と精神は特有な関係にあるのだろう。たとえば、言語的にみてアニムスやニューマ(pneuma)という言葉には息、風あるいは霊が表現されている。たぶん特別な感受性をもつ呼吸器が精神の過程に反応するのであろう。他の器官も同時に関係していることもあるかもしれない。適切な使途をみつけることができず、それゆえに自分自身へと回帰し、どこか弱所をみつけて侵害する。そういうリビドーの問題である)。

しかし、アニムス像をこのように全面的に(何かに)転移できる場合には、みかけ上の満足と申し分なさと並んで、また当の男性に対する一種の強迫的結合と、しばしば耐えがたいまでにたかまる依存性も同時に生まれる。他者により魅惑される状態と他者によって絶対的に規定される状態は《転移》として知られるが、それは投影以外のなにものでもない。しかし投影とは或る心像を一人の他人の上に転移するというだけのことではない。ふつう心像といっしょにそれに相応した精神機能もその他人に付与される。そこで、たとえばアニムス像が転移された男性は、当の女性にまだ未発達のままにとどまるすべての機能を、つまり思考機能や能動性や外部に対する責任などを、同時にひきうけねばならなくなる。男性がそのアニマを或る女性に投影した場合には、その女性は、かれに代って感じたり関係をうち立てたりせねばならない。こうした共生関係が、私の考えでは、こうした場合にありがちな強迫的な依存と制約の真の理由である。

しかしながら、完全にうまくいっている投影の状態もそれほど長続きしないことがしばしばある。とくに当の男性と親密な関係にある場合にそうである。やがては心像とその媒介者とのズレがみえてくる。むろんアニムスのような元型は一人一人の男性と重ならない。その男性が個性的であればあるほどいっそう重なりにくくなる。本来個性は元型の反対である。なぜなら、個性とはまさしく何ら典型的なものではなく、たぶん類型的な個別的諸特徴の一回的でかつ唯一無二の混合だから。

心像とその媒介者との間にこうしたくい違いが入り込んでくると、アニムス像を体現するとみられる男性が、その心像どおりではなく、私たちの思惑からはずれたふるまいをすることに私たちは大きな困惑と失望を感じるようになる。おそらく最初はそれについて欺かれたままでいようという努力がなされるだろう。そしてそれはしばしば——不十分な識別能力のせいなのだが——巧みな類同化によって比較的たやすく成功する。またしばしば策を弄してその男性に彼があらわすべきところをなさしめようと試みられもするだろう。意識的な強迫や圧力を用いるだけではない。はるかにしばしばまったく無意識的な仕方で、私たちの相手に私たちの態度を通して元型的なもの、つまりアニムス的態度をとるようにうながす。同様のことは逆に男性についてもあてはまる。彼も自分の頭にうかぶ心像を女性の中に発見しようとし、その女性は、あたかも暗示のように働くこの願いに動かされて、自分自身を生きるのではなく、アニマ形象そのものになってしまう。アニマとアニムスが対峙的に布置し合うこのような状態は、つまり他方のアニマ表現がアニムスを調伏し、あるいはその逆で、それにより断ちがたい悪循環が発動される状態は、男女の関係の中での最悪の紛糾の一つである。

しかし、いったん人物と形象のズレがみつかったときはもうすでに葛藤の中に突入していて、残された道は内的心像と外的心像との間の区別を行うこと以外にはない。こうして私たちは最も本来的な意味でのアニムス問題、つまり自分本来の男性-精神的要因という問題に到達する。アニムスとの関係、アニムスについての知識、アニムスとの対決、人格全体へのアニムスの組みいれは、私には、おそらく多くの今日の女性の最重要問題の核心に思われる。なおここで素因《アンラーゲ》が問題だという事実は、つまり個人性に属しかつその機能を規定するところの器官《オルガン》が問題であるという事実は、アニムスが圧倒的な大きさと自律的な形象になるまで、リビドーを自分のもとにひきとめておく所以を説明している。

次のようなことが仮定されてよいだろう。すべての器官や器官的素地にむかって合目的的に勾配がつくられている。機能するための可能性と準備性がある。そして当の器官に十分な量のリビドーが流入しないとき、障害が生じ症状が発生し、それによってこの事態が明らかにされる、と。それにしたがって私は次のように推論する。女性が強力なアニムス形象を前面に出して生きるということ、いわゆる《アニムス憑依》をもつということは、その当人が自分自身の男性的‐精神的なもの、自分のロゴス的素因に対しあまり注意せず、それを十分に発達させず、応用もせず、あるいは正しいやり方でそうしなかったことのあらわれだ、と推論するだろう。これは逆説的にきこえるかもしれない。なぜなら外からみるとこうした女性の態度はまさしく男性的にみえ、女性らしさに欠けているように見えるので、まるで彼女は女性的なものに考慮をはらっていないかのように思えるだろうから。しかし、このように見せびらかされる男性性とは、むしろ、女性の中の男性的なものに注意をむけてほしいというしるしのように私には思える。このような男性性の独裁的出現によってもちろん一次的女性性はおおわれ抑圧され、再びそれがあるべき場所にたちあらわれるためには、男性的なるもの、つまりアニムスとの対決という回り道を経るしかない。

単に知的に即事的‐男性的に活動するだけでは、多くの女性にみられるように、満足のいかぬことのようである。たとえば、学業を吸収したり男性的‐精神的職業を身につけたりしても、アニムスの縁にさえ到達できない女性がいる。こういう男性的教養と生活様式を身につけることはアニムスとの同一視を基盤にしてうまく達成されるかもしれない。が、そのとき女性的なものは勢力を奪われるのである。ここで考えられているのは女性の精神性、女性のロゴスであり、それが女性の本能と生活の中にくみ入れられることである。その一部が影《シャッテン》存在になったりすることなく、調和のとれた共同作用がそこに成立することである。

その道の最初の段階は、さきに述べたように、投影の撤回である。投影が投影として認識され、対象から解き放たれることである。この識別の最初の行為は一見簡単にみえるが、むずかしい仕事であり、しばしば苦痛な断念でもある。こうした投影を引き戻すことによって、それが何か私たちの外部でなく内部のなにものかと関係することを、私たちは知るようになる。そして私たちはこのなにものか、つまりこの《私たちの内部の男性》の性状と働きを学び、ついでそれを私たち自身から今一度区別するという課題の前に立たされる。こうしなければアニムスと一体になってしまい、アニムスにとり憑かれてしまう。それは最も禍の多い状態である。なぜなら、もし女性的なものがそのようにしてアニムスにより圧倒され背後に押しやられると、容易に抑うつ、全般的な不満足感、生活感情の喪失など、要するに人格の半分がアニムスの侵害をうけ生活を奪われたための諸症状を呈するようになるから。

その上、アニムスは私たちと他人との間や生活一般との間を妨げる。アニムスにこういったふうにとり憑かれた状態に気づくのは非常にむずかしい。憑依が完全であればあるほどいっそうむずかしい。したがってその場合には、ひとが他人に働きかける仕方を観察し、働きかけられた側の人の反応が無意識的なアニムス同一視によってよび起こされたものかどうかを吟味することが大変役に立つ。このように他人に焦点をあてることは、アニムスの弁別と整理という骨の折れる、個人の力をしばしば超える過程にとって、はかり知れぬ助けになる。私が思うには、つねにくりかえし自分をそこへと見当づけることのできる一人の男性との関係をもつことなしには、アニムスのデーモン的な力から自由になることは不可能である。アニムスとの同一視の状態において、私たちは何かを考え、語り、行い、そして私たちはかくかくしかじかであると確信する。だが、本当はアニムスが私たちを通して語っているのであって、私たちはそのことを知らないだけである。アニムスの語る考えや意見が私たち自身の信念でないことを読みとるのは非常にむずかしい。それはアニムスが直接的で暴力的な一種の権威性と暗示力を駆使するからである。この権威はアニムスが普遍的精神に属していることから生じるのだが、暗示力のほうは女性に特有な思考の受動性とそれに合致する無批判性から生じる。ここで今述べているような、たいていは大いなる《冷静さ》をもって提出される意見や理解といったものは、アニムスのとくにきわだったあらわれ方である。きわだっているというのは、ロゴス原理に合致して、それが普遍妥当的把握ないしは真理を語ろうとしているからである。もっとも、それはなるほどそれ自身では正しいかもしれないが、個々のケースにおいては通用しない。状況の個人性と特殊性がそこでは顧慮されていないからである。このように仕上げられた、どんな場合にもあてはまる種類の判断というのはもともと科学の中にしかなく（とりわけ二の二倍は常に四であるところの数学において)、生活の中にはない。科学においては、この種の判断によって、陳述の対象も暴力を加えられるし、陳述する人も、つまり自己本来の気持をかえりみることなく入念に仕上げられた判断を口にしなければならぬその人自身も、また暴力を加えられている。

こうした自分と関連のない思考はむろん男性にもあらわれる。たとえば彼が理性やロゴス原理と自分を同一視して、自分の頭で考えることをやめ、《それ》に考えさせられるときである。このような男性はとくに女性のアニムスを具体化することに長けている。

アニムスの最も重要なあらわれの一つは判断である。判断同様、思考一般もまた関係がある。つまり思考は仕上げられたもの、打ち消しがたいものとして内部からおしよせてくる。あるいは、それが外部に由来するものであれば、とり入れられる。というのも、それが何かを解明するようにみえたり魅惑的にみえたりするからである。しかし、こうしてとり入れられ、そしておそらくはくりかえし増殖されるであろう考え自体を本当に理解するためにさらに熟考しよう、という促しを女性は感じない。識別能力の未発達が価値ある考えも無価値な考えも同じ感激と尊敬でもってとり入れる。なぜなら、なんらかの意味で精神的と思われるものすべてが彼女に非常な尊敬の念を起させ、彼女を無意味な魅惑のとりこにするからである。多くの詐欺師たちがある種の疑似《プソイド》精神によっていかに不可解な働きを成就するのに成功することか！　しかし他方では貧弱な識別能力はよい面ももっている。それは女性に先入見をもたせぬようにするので、彼女は男性より速やかに精神的な価値を発見し評価できる。男性は発達した批判力のため疑いぶかくなっており、かつ先入見をもたされているので、先入見のない人間ならとっくにそのものとして認識している価値をよみとるまでに、しばしば長い時間を必要とする。

女性に固有の思考は（私はここで一般的な女性を考えているが、この段階をはるかに超えており、思考も精神的本性もおしなべて広く発達した女性がいることもよく承知している）、すぐれて実際的で、健康な人間悟性に向けられる。たいていは身近なもの、個人的なものに向けられる。その限りにおいてそれはすでにその場所で適切に機能しており、それは私たちが狭義のアニムスと考えるものに本来的には属さない。精神力がもはや日々の生活のやりくりにだけ使われるのでなく、さらにそれを超えて或る活動領域を求めるとき、はじめて、女性の思考はアニムスに属するようになる。

一般的には次のようにいえよう。女性の精神的なものは、未発達な幼児的または原始的な性格をもつ。知識欲のかわりに好奇心を、判断力のかわりに偏見をもち、思考のかわりに表象や夢を、意志のかわりに願望をもつ。

男性が問題をつかみとるところで女性はなぞ解きで満足し、彼が知と認識を得るところで彼女は信心や迷信で満足したり、仮定をもち出したりする。それは明らかに幼児や原始人の精神の中に証明されるような前段階である。幼児や原始人の好奇心は、信心や迷信の役割同様よく知られている。『エッダ』(8)の中でオーディンは自分の招待者となぞ解き競争を行っている。今日では主に女性の精神がするなぞ解きの修練に、その時代には男性の精神がはげんでいたことを示す記念品である。似た報告が中世や古代の世界からも知られている。私はスフィンクスとエディプスのなぞ、ソフィストとスコラ派の人の詭弁を思い出す。

いわゆる《願望思考》もおなじように精神発達の一定の段階に対応している。それは童話の、しばしばもうすでに過ぎ去ったことがらをあらわすモチーフである。つまり童話のモチーフが演じられるのは《願望がまだ助けとなったような時代》である。だれかに何かをのぞむ魔術的風習の基礎になっているのも同じ表象である。グリムは『ドイツ神話』の中で願望と表象、思考との親しい関係を示唆している。

オータンという古代北欧の名前はオスキあるいは願望であるように思われる。(ワルキュリアは、願望の乙女ともよばれる)。風の神であり放浪者であり、精神の軍勢の領主であり、ルーネ文字の発明者であるオーディンは典型的な精神の神であるが、まだ原始的で自然に近い姿をしている(9)。彼は願望の主人公そのものである。願望の名のもとに理解されるすべての善と完全性の授与者というだけでない。彼は願望によってよび出されるのである。グリムは次のように説明する。願望とは比較し、注ぎ、与え、生み出す力であり、形成し、想像し、思考する力、したがって想像力、観念、心像、形姿でもある(10)、と。また彼は他の個所でこういう。《意味ぶかくもサンスクリットでは願望はマノラータという。意味の車……願望は思考の車をまわす》(11)と。

女性的アニムスの超人的で神的な様相は、このような精神の神と風の神に比較される――私たちはそれを夢や空想の中の相似た形象の中にもみいだすのだが――このような願望性格は女性の思考に特有である。もし人間にとり表象力とは随意に何か或るものについての精神的形象を作ることであって、たとえ非物質的にせよ、そうした現実を拒否すべきではないことに気づくなら、表象、思考、願望、創造が同列におかれることは理解できよう。とくに外的現実と内的現実とがはっきりわかれておらず互いに流通しあうような比較的無意識の状態では、精神的現実すなわち表象や観念がすぐさま具体的-現実的とみなされがちである。原始人でも外的具体物と内的精神的現実とのこうした同列化がみられる。レヴィ＝ブリュール(12)は彼の著作の中で多くの例をあげている。しかし、これについてここでこれ以上述べるのは行きすぎになろう。ただこの同じ現象は女性の精神的態度の中にも次のように非常にはっきりあらわれることはたしかである。

もっとくわしくみると、おどろくべきことに次のようなことがいかにしばしばおこるかを発見できる。たとえば、或るものごとがかくかくしかじかであるとか、私たちに興味ある人があれこれのことをする、といった考えが私たちの頭に浮かぶとする。そしてその思いつきを現実と対決させようとせず、もうすでにそれはそうだった、と確信する。あるいは少なくともただの表象を真実で現実に合致していると思いこむ傾向を私たちがもっている。他の空想産物もたやすく現実とみなされ、ときには具体的形姿をとってあらわれることさえある。

もっとも見抜きにくいアニムス活動の一つがこの領域にある。つまり自己についての願望的心像をつくりだすことである。アニムスは心像を投げかけそれを信じこませることに長けており、そのため、ある心像は、人がみたいと欲するように《理想の愛》、《痛ましくも哀れな子供》、《己を空しくして人につくす人》、《並々ならざるもの》、《本来何かよいことをするためにこの世に生をうけたもの》等々を示すのである。むろんこのアニムスの活動は、すすんでか強いられてかはともかく、人がこの見せかけの心像を断念し本来の自分をみようとするまでの間、心像を支配する力をその人に貸し与える。

女性の精神活動は、うしろをふりかえってよくよく思いわずらうというあらわれ方をすることが非常に多い。例えば、その人自身や他者やすべてのものがちがったふうになすべきであったとか、どのようにすべきであったとかいった具合に論議される。そこに因果関連が強迫的にくみ立てられたりもする。それが《思考する》ことなのだと称されるかもしれない。が、精神活動からみると横道にそれた非生産的形式であり、本来は自責にすぎない。ここにもまた、現実と単に考えられたことや表象されたこととの弁別の欠如が特徴的である。

それゆえ次のようにいってよい。女性の思考はそれが健康な人間的悟性として現実に活動しないかぎり、けっして本来の思考ではなく、むしろ夢、表象、願望、怖れのたぐいであると。表象と現実との間にあるのがこのような原始的差異でしかないことから、アニムス現象のもつ力量と権威のいくぶんかは説明できるだろう。つまり精神的なもの、すなわち表象されたものは同時に無媒介的に現実性格をもつがゆえに、その内なるアニムスのいうところもまた彼女には無媒介的に真実である。

私たちはこうして言葉の魔術へとやってくる。

表象や思考と同様に、未分化な精神にとっては言葉もまた現実として働く。私たちの聖書の創世神話、たとえば創造者により語られた言葉から世界が生じるというのは、この種の証言である。同様にアニムスも魔術的言語力をもち、言葉によって働きかける男性もまた、よい意味でも悪い意味でも、女性に強制力を及ぼすことができる。私が、言語の魔術、語りの芸術は男性のものであり、それによって女性はまちがいなくとりこにされ、たいていは殺されてしまうと考えるとしたら、それは行きすぎだろうか。

むろん女性だけが言葉の魔術にしてやられるのではない。それは普遍的現象である。先史時代の聖なるルーネ文字、インドのマントラ、私たちの時代の専門用語やスローガンにいたるまでのあらゆる種類の祈りや魔法の文句――それらすべては言葉となった精神の魔力性を証明している。

しかし一般に女性は同水準の男性より、このような魔術の影響をうけやすいと思われる。男性は生まれながらにして衝動を、自分のなすべきことがらを知らなければならない。だから、たとえば小さな少年は自分の遊び道具の内部がどうなっているか、どんな働きをするか知ろうとして、それをばらばらに分解してしまう。女性ではこうした衝動はずっと少ない。たとえば、彼女はその構造を調べたりわかろうなどと少しも考えずとも、機械や道具をうまくつかいこなすことができる。だから、彼女にとり大事と思われる言葉を、その意味を本当に正確につかまなくとも、頭に入れることができる。これに対し男性はきっと言葉の意味を吟味することだろう。

アニムスの特徴的な一つのあらわれ方は、形態としてではなく言葉として現れることである（ロゴスはむろん言葉の意味である）。ありうるすべての状況を解説したり、あるいはそれに対する態度のとり方を指示する声として現れる。この形式においてはしばしば、アニムスは一つの人格的形姿に結晶するよりずっと前に、先ず自我と異なる或るものとして知覚される。私が観察したかぎりこの声は主に二種類の調子であらわれる。一つは、あらゆる活動への批判的で、たいていは否定的な評価、あらゆるモチーフや考えの厳格な吟味としてあらわれる。それはむろんいつも劣等感の原因となり、自己表出へのどんな自発性も願望も芽のうちに窒息させてしまう。ときには、これが度はずれた賞賛にかわることもある。そしてこういう極端な評価の結果、完全な虚無の意識と高まった自我感情や価値感情との間を、振子のように行ったり来たりさせられることになる。

二番目の声の調子はもっぱらいましめと禁止をもうけるという形で、あるいは普遍妥当の考え方を予告するという形であらわれる。ここにはロゴス機能の二つの重要な側面が表現されていると思われる。一方では弁別、判断、認識、他方では一般法則の抽象と設定である。機能の第一の方が支配的ならアニムス形象は一人の人物として表現されるが、第二の方が支配的なら多人数として、一種の《会議》としてあらわれる。弁別と判断はどちらかというと個人に対応するが、法則の設定と抽象は多くの人との比較と一致を前提とするので、多人数により表現される。

精神の本来的な創造性に当たるものが、女性には非常にまれなことが知られている。思考力、弁別能力、批判力を幅広く発達させている女性は多くいるが、それを男性のように精神的創造に使う人はごく少数でしかない。女性はあまり発明の才に恵まれていないので、男性がスプーンを発明しなかったら、彼女らは今でもまだ棒でスープをかきまぜていただろうと悪口をいう人もいる。

女性の創造的なるものは仕事のなかでより、生活のなかであらわれる。母としての彼女の生物学的機能においてのみならず、男性の伴侶としての役割、子供の教育者としての活動、主婦としての活動、あるいはなんらかの別の形のそれとして、それはおしなべて生活形態の中で表現される。この生活形態にとにかくふさわしいのは関係の形態であり、これこそ女性の創造力にとり本来的な領域である。

女性が男性と完全に対等の仕事ができるのが、芸術ではとくに演劇であることは特記してよい。演劇では人間とその関係、そして生活が形づくられる。それゆえ女性はこうした芸術において男性と同じように創造的である。

しかし私たちはまた、無意識の産物つまり夢、空想あるいは単に私たちの中に生じる考えの中にも、精神的—創造的なものの契機をみいだすことがある。これらの産物はしばしば純粋に客観的で、まったく個人的でない性質の真実を含んでいる。このような認識や内容の仲介は本来、より高いアニムスの機能である。

夢の中に、とくにあまり思考が発達していなかったり教養のとぼしかったりする女性の夢の中に、抽象的科学的象徴が発見されることがある。それらはもはやその人の個人的な事情からは解釈しえず、個人を超えた客観的な見方や観念をあらわしており、夢を見た当人がだれよりもびっくりするのである。私の知っている或る女性では、思考は《劣位の機能》(13)なのに、夢ではしばしば天文学的な問題や物理学的な問題やあらゆる種類の技術的器械が出てくるのだった。タイプとしてはまったく非理性的なべつの女性は、無意識内容の叙述だといって、幾何学や鉱物学の教科書にみいだされるような厳密に幾何学的な図形や、純粋に結晶状の形成物ばかりを描いた。アニムスは、その人たちの意識的思考をはるかに超えたところの、そしてその創造的性質を否定できないところの世界観や生命観をくりかえし伝えるのである。

しかし、女性の創造活動が最も本来的に展開する領域、つまり人間の関係においては、創造性はロゴスの意味での精神の行為というより、むしろ直観や感覚と結合した感情の行為といえる。ここでは逆に、アニムスは直感的に危険なものとなる。アニムスは感情の代りに知性として、関係のなかへ入りこみ、感情のような仕方で関係を困難にし不可能にすることによって、危険なものになる。状況や他者を感情でとらえてそれにふさわしい出会い方をする代りに、非常にしばしばそれについて思考し、人間的な反応のかわりに自分の思考したところを提示する。それはきわめて正しく、かつ親切で、ものわかりのよいものかもしれぬが、しかしなんの役にもたたぬか、あるいはせいぜいみせかけの役にしか立たない。なぜなら、それは単に客観的-即事的にのみ正しく、主観的-人間的には偽りだから。それというのも、その瞬間、相手や関係に役立つのは洞察や客観性ではなく感情移入だからである。そういう場合、うまくふるまいたいという感情からこうした即事的な態度がとられ、それにより状況がすっかり駄目になるということがしばしばおこる。洞察や理性や即事性は或る場合には意味がないということについての人間の悟りのわるさは、しばしばおどろくほどである。この説明として私にいえるのは、男性的なものはそれ自体女性的なものを上まわるなにか多価的なものとみることに人びとは慣らされており、男性的−即事的態度はどんな場合にも女性的−個人的態度よりよいと人びとが考えるようになっている、ということである。すでに論理的−理性的なるものについて一定の意識と価値評価を獲得してしまった女性について、このことはとくによく当てはまると思う。

ここで私は女性のアニムス問題と男性のアニマ問題との間の非常に重要な差異に到達する。これは私の思うには私たちの注意をひくに値することがらである。

もし男性が彼のアニマを発見しそれと対決せねばならなくなると、彼はそのことによってこれまで自分では価値の低いとみなしてきたものをみとめねばならなくなる。もちろんアニマ形象は、心像にしろ人間にしろ、魅惑的牽引的で有力であったが、しかし価値の低いものとみなしてきたのだった。女性性自体がこれまで私たちの世界では男性的なものとくらべてつねになにか劣ったものとみなされてきた。そして今や、この劣等的とされたものを正当に評価しはじめる。それを笑いものにしたりけなしたりするための《たかが一人の小娘》とか《若僧に何ができる》という表現は、とてもよく特徴をあらわしていた。ごく最近まで方々でいつも男性が女性の上位に立ち、より大きな権利をもっていたし、私たちの法律もいかにこうした考え方が一般に支配的であるかをはっきりと示していた。したがって男性がもし自分のアニマと関係をもとうとするなら、いわば高みから下りてきて、抵抗を、つまり彼の高慢を克服せねばならない。彼はスピッテラー (Spitteler) のいう《女主人公》を、ライダー・ハガード (Rider Haggard) のいう《服従されるべき彼女》をそのものとして認めねばならない。この点は女性ではちがっている。アニムスは《服従されるべき彼》とはよばれないだろう。むしろ逆である。というのも、女性にとりアニムスや男性の権威に奴隷的態度で服従することは本能的に自明のことだから。男性的なもの自体が女性的なものよりずっと値打ちがあるという考えは、意識的にはちがった考えをもつにしても、女性の血の中にしみこんでおり、アニムスの力を強調するのにとても都合よく働くことになる。私たち女性がアニムスにむかったとき克服せねばならぬのは高慢ではなく、自信の欠如であり、怠惰という抵抗である。私たちにとってそれは堕落して行くことなのではなく、むしろ自分を高めねばならないことである。そして私たちはそのための勇気や意志をしばしば欠く。もし私たちが自分の標準的とはいえぬ確信をアニムスや男性の普遍妥当性を求める判断でもっておきかえるなら、それは思い上がりというものであろう。身の程知らずにこうした精神的独立性をえようとすると、少なからぬ負担がかかる。誤解されたり、誤って判断されたりするからである。しかし、だからといってこうした反攻の行為なしには彼女はけっして暴君の支配から解放されえない。これを外からみるとまったく反対のようにみえる。なぜなら、あまりにもしばしば思い上がった自信や、本心をみせない〝沈着〟が表に出て、はにかみや確信のなさは認められにくいからである。本当は彼女のこうした反抗的で独立的で、抗争的でさえある姿勢は、はじめアニムスに対抗してとられたのかもしれない。そして時にはそのように考えられもするのだが、たいていそれは、アニムスとの多少とも完全な一体化のしるしである。

このような時代おくれになりつつある男性崇拝、よくいえば男性の過大評価に悩んでいるのはヨーロッパにおける私たちだけではない。女性の文化について語るのをつねとするアメリカにおいてさえ基本的には同じである。経験をつんだ或るアメリカの女医が私にいったことがある。彼女の女性患者の全員が自分の性への過小評価に悩んでおり、彼女たちみんなにまずしなければならないことは、女性にふさわしい価値を獲得させることだ、と。

これと反対に自分が男性であることを軽蔑する男性は非常にまれで、たいてい逆に彼らはそれを誇りに思っている。少年でありたいと思う少女は多いが、少女でありたいと思う少年や男性は、ほとんど性的倒錯者とみなされる。

こういったことから当然のこととして、男性がそのアニマに対していだくのと全くちがった態度を女性はアニムスに対していだくことになる。そしてそれに結びついた多くの現象は、結局のところ、この点において男性と女性にとって課題が異なる、ということに帰着する。

むろん女性にとっても犠牲なしにすむわけではない。女性にとっては意識的となることは特殊な女性的力の減少を意味する。女性はその無意識性によって男性に魔術的作用をおよぼす。彼女はその力を彼に貸し与える魔術師である。彼女はこのことを本能的に知っており、かつこの力を失いたくないと思うので、たとえ精神的なものがそのものとしてきわめて努力に値するものにみえても、意識的になることに対し、しばしば非常に抵抗する。多くの女性はこのような犠牲をはらわずにすむために、いわばわざと無意識的にふるまう。もちろん、女性がそうするのはしばしば男性にうながされてであるということも、言わねばならない。なぜなら、多くの男性は女性の無意識性を悦び、彼らにとり面倒で不必要に思われる彼女のより大きな意識性の発達にできるかぎり抵抗するからである。

しばしばみすごされがちだが、私もまたここで取り上げておきたいと思う今一つの点が、アニムスならびにアニマの機能の中にある。アニムスとアニマは無意識的内容と意識的内容との間の媒介者であり、ともにまったく同じはたらきをするとふつう考えられている。たしかに意識的にはその通りなのだが、私にはアニムスとアニマの役割の差異を指摘することが大切と思われる。そのものを目でみえるようにするという意味で無意識内容を伝達する役割は、まずもってアニマにふさわしい。アニマのこの役割はそれがなければ暗闇の中に止まったであろうこうした事柄を知覚するのを助ける。そのための前提として、意識を或る種の仕方で遮蔽する必要が生じる。いいかえれば、より女性的な意識の出現が必要である。その女性的意識とは男性的意識ほど鋭くも明るくもないが、その代り、より広い範囲においてまだ影に留まったままの事柄を知覚してしまう。女性の予言の才、女性の直観能力はむろん古くから知られている。焦点に集中した女性の目は暗闇を予感させ、隠れたものを予見させる。この予見を、つまりそうでなければ眼に見えなかったものの知覚を、アニマが男性に可能ならしめるのである。

しかしアニムスにあっては、その重点は単なる知覚にあるのではなく——知覚は女性の精神にとって、いってみれば、つねにすでに与えられていることであった——ロゴスの本性にふさわしく認識と、そしてとりわけて、理解にある。アニムスが媒介しようとするのは像というよりむしろ意味である。

受動的な空想に自らをゆだねていればアニムスを利用できるだろう、ともし考えるとしたらそれはまちがいである。女性にとって空想活動を成行きまかせにすることはまったく造作のないことだということを忘れてはならない。意味のわからぬ非合理的な出来事や心像は彼女にとってはまったく自然なことに思える。それに対し、男性にとってそれは理性の一種の犠牲を意味する作業、明るみから暗闇への堕落、清明から混沌への堕落である。理解しがたい、あるいはまったく無意味と思える無意識内容のすべてがそれでもやはり価値があると考えるためには、彼は或る種の努力をしなければならない。その上さらに、直観のための受動的姿勢が全般的にいって男性の能動的本性にとってふさわしくない。しかし女性にとってこれはむずかしくはない。彼女は非合理なものに対し狐疑逡巡したりしないし、なにごとにもすぐ意味をみつけようとする要求を持たず、受動的に耐え忍ぶことにさからう傾向ももたない。だが、無意識が容易に開かれず、またその内容に至る通路が発見されにくい女性にとっては、アニムスは助力者であるよりむしろ妨害者になることがある。つまり、心に浮かぶ心像がそれとして知覚される前に、アニムスがそれをいち早く理解したり分析したりしようとするときである。アニムスが本来の実効を発展させることができるのはその内容が意識の中にあらわれ、おそらく形も与えられてからであろう。そしてそうなれば、その援助ははかりしれぬものになる。悟性と意味を獲得する助けとなるからである。

むろん無意識から直接に意味が告げ知らされるということもありうる。心像や象徴があらわれるのではなく、言葉の形をとった認識があらわれる。これはアニムスのもつ非常に特徴的な表現である。ただその際、はたしてよく知られた普遍妥当的な、したがって集合的な考えが問題なのか、それとも現実的な、個人的に規定された洞察が問題なのかを見分けることは、しばしば困難である。このことをはっきりさせるためには、またしても意識的な判断と、自分自身の人格とアニムスとの間の正確な区別とが必要になるのである。

2 無意識の心像を通してのアニムスのあらわれ

これまでのところ、アニムスが外にむかって、そして意識の中に、どのようにあらわれるかを示そうと試みてきた。しかしこれからは、無意識がアニムスをどのようにあらわすか、アニムスが夢や空想の中にどのように出現するか、を述べたいと思う。その形姿を知ること、またときになされるそれとの対話や対決の具合を知ることも識別のための一段進んだ重要な一歩である。ところが、アニムスを心像や形姿として認識することが問題となるところで、一つ新しい困難を生じる。それはアニムスの多形性である。男性について私たちがきかされているのは、アニマが、ほとんどきまった形であらわれ、どの男性でも多かれ少なかれ似通ったものだということである。母や恋人として、姉妹や娘として、女主人や女奴隷として、女教皇や魔女として。ときには明るいものと暗いもの、助けるものと滅ぼすもの、高いものと低いものというように、その都度対立するしるしでもってあらわされる、という。

これに反し女性では多様な男性たちがあらわれる。大勢の父、助言者、法廷、賢者のあつまり、どんな姿にでもなれその力を十分に活用できる早変わりの芸人。

私はこの区別を自分で次のように説明している。そもそも男性は今述べたような具体的な形でしか、すなわち母や恋人、妹や娘、女主人や召使い等々の形でしか、女性を経験しない。本来つねに彼と個人的につながった仕方でしか経験しない。それは彼女の現存在が以前から演じてきた形式である。これに対し男性の生活はもっと多様な形式をとってきた。彼の生物学的課題が他の多くの事柄に時間を割かせたからである。だからアニムスも、その多様な男性的活動領域に応じてなんらかの能力や知識の代理者ないしは主宰者として、あらわれることになる。アニマの形姿についていえば、そのすべての形式が同時に関係形式であるのが特徴である。(たとえアニマは、女教皇や魔女の姿であらわれようと、つねにその男性と特別な関係にある。彼女は彼のアニマを体現しており、彼女は彼を祓い清めたり魔法をかけたりする)。私はライダー・ハガードの《彼女》(一八八七)を思い出すが、そこでは特別な関係が何千年の古さとして示されている。

けれどもアニムスの形姿においては、必ずしも同様に関係があらわされているとはかぎらない。男性の即事的秩序づけに応じ、またその特色であるロゴス原理に応じて、アニムスの形姿は純粋に即物的に、なんらの関係もあらわすことなしにあらわれうる。たとえば賢者、裁判官、芸術家、パイロット、エンジニア等々として。まれに外国人としてあらわれることもある。この形姿はとくに特徴をよくあらわしているといえよう。なぜなら純粋に女性的な心にとり、精神とはよそものであり、見知らぬものだから。

いろいろのちがった形姿をとる能力は、私には精神に属する一つの特性と思われる。その特性は機敏さに似たものを表現する。つまり大きな距離をあっという間に後にする特性。それは思考が光と共有するところの特性であり、さきに述べた思考の願望形態もまた、それに関わりがある。だからアニムスはしばしばパイロットとして、ドライバー、スキーヤーやダンサーとしてもあらわれ、この人たちの軽快さと敏捷性が強調される。化身能力と敏速性の二つの特性を私たちはおおくの神話やお伽噺の中に神や魔法使いの特性としてみいだせる。風の神であるオータンや私がさきほど述べた精神の軍勢の指導者、怒りにもえる破壊の神ロキ、羽のついたサンダルをはく使いの神メルクールは、ロゴスのこのような様相をあらわしている。それはいきいきと活動し、非物質的で、確固不動の特性をもたない、ただの力動（デュナミス）であり、形態可能性のあらわれであり、《彼が欲するところに吹く》精神そのものである。

アニムスは夢の中や空想の中に何よりもまず現実の男性の姿で擬人化されてあらわれる。父、恋人、兄弟、教師、裁判官、賢者、魔法使い、芸術家、医師、哲学者、学者、建築士、僧侶、とくにジェスイット派の僧侶として、または商人、パイロット、ドライバー等々として。要するに、精神的能力やその他の男性的特質によってなんらかの仕方で特徴づけられた男性としてあらわれる。これは肯定的意味では気を配り親切にふるまう父、神秘的な力で支配する恋人、理解ある友人、考えぶかい指導者であるが、暴力をふるう思いやりのない暴君、残酷な執達吏、道学者先生でもあり、またさらに誘惑者、搾取者、知的欺瞞と人間的問題性との混合によって人を魅する偽の英雄でもありうる。それはまたときには少年、息子、若い友達によって示されることもある。女性のもつ男性的要素がとりわけて生成的なものと考えられる場合には、つねにそうであろう。前に述べたように多くの女性において、アニムスは好んで複数で助言者としてあらわれる。あらゆる出来事につき、命令や禁止を知らせ、普遍妥当的な考えをあらわす忠告としてあらわれる(13)。彼が変幻自在の顔をもつ単独者としてあらわれるか、それとも同時に多数者としてあらわれるかは、当の女性の素因やその発達段階に関係する。ここではアニムスの多様な個人的現象様式のすべてに立ち入ることはできない。だから私には、次に一連の夢と空想を示し、そこでアニムスがどのように内的な目に映じ、いかに夢の世界の光に照らされて現象してくるかを示すことで十分と思われる。元型的性格がとくにはっきりしており同時に発展の方向もそこに含まれているような例である。

こうした形態が出現するのは、当の女性において自立的な精神的活動が問題となった時期、アニムス心像がその投影されていた人物から離れはじめる、そういう時期に当たる。

或る夢の中に鳥の頭をした異形のものがあらわれた。その身体は泡だけでできており、どんな形にでもなれるのだった。それは以前、アニムスが投影されていたあの男性の持物であった。それは人間を呑みこむのだが、そこで人は死ぬことなく、その内部で生きつづけなければならない。それゆえに、警戒を要するのだった。

この気泡という形はたぶんまだ初期段階にある何ものかを示している。——まず頭がアニムスを特徴づける器官として、しかも気体的存在の頭として分化する——その他、どんな形にでもなれる。またその貪食性はこうしたまだ未分化なものの拡大と発達の要求を示している。この貪食という特質は魔術的な呪力の本質を書いたチャーンドーギヤ・ウパニシァッド(15)の一文によって明らかにされよう。そこではこういわれている。

《まことに風こそは強欲の者である。もし火が吹きとばされるとそれは風の中へ入りこみ、もし太陽が沈むとそれは風の中へと入り、もし月が沈むとそれは風の中へ入り、もし水が涸れるとそれは風の中へ入る。本当に風はそれらすべてをかき集め、そして神へとつながっていく。

さて自己に関していえばどうか。呼吸《オーデム》こそはまことに強欲の者である。もし一人が眠れば呼吸の中へと言葉が入り、呼吸の中へ目が呼吸の中へ耳が呼吸の中へマナが入り、かくして呼吸はそれらすべてをかき集める。それ故この両者は二人の強欲の者である。ただ、風は神々のもとにあり、呼吸は生命の吐息のもとにある》。

鳥の頭をしたこの気泡と共に火の精があらわれる。つまり焔から生じ不断にうごきつづける存在、《下界の母》の息子と呼ばれる要素的《エレメント》存在があらわれる。この母の形姿は天国の明るい母と反対に陰うつで、大地と結びついた、魔法のしわざをもった、ときには慈悲ぶかく、ときには魔法の無気味さをもち、しかも破壊的な、そういった力としての原始女性的なものを体現する。それ故彼女の息子は地上的火の精であり、北欧神話の神ロギやロキを思わせる。(グリムによれば)創造の力をもつ巨人を思い出させるが、しかし同時にまた、その後キリスト教の悪魔を生み出した、ずるがしこく誘惑的な悪者とも考えられる。ギリシャ神話ではヘーパイストス、つまり鍛冶屋として、飼い馴らされた火を扱う地上の火の神がそれに対応し、北欧のロギではむしろ要素的で方向のない自然力の化身になっている。このような地上の火の精は下位の母の息子であって、女性に近い。彼は実践活動の中で、それも何よりもまず物質の取り扱いやその精巧な加工において肯定的な姿であらわれる一方、逆に緊張状態や感情爆発において否定的な姿で、またしばしば原始的女性性の同盟者として、また《魔女の術》の助っ人として、あやしげでいやらしい仕方であらわれる。この地上的火の精は下位の、低級なロゴスとよぶこともできよう。上位・高級のロゴスの反対物である。つまり下位の母の出でなく、はるかかなたの未知の父に属するところの風や精神の神オータン、それから神話の中の心の指導者ヘルメスに対応するところの、そして鳥の頭で暗示される上位・高級のロゴスの反対物である。

形態変容のモチーフは次の夢の中でもくり返される。そこでは《魔法の竜のウルゴ》と題する心像が示される。一匹の蛇のような、竜に似た生きものがあらわれ、一人の少女をつかまえている。竜はどの方向へでも自由に延びる力をもっているので、その少女には妖怪の手からのがれる万に一つのみこみもない。妖怪は少女がどんな少しの動きをしてもその方角に延びていき、少女を逃れようもなくとらえてしまう。

少女とはこういった夢と空想のすべての中でくり返しあらわれる一つの形姿であり、無意識における個人性という意味でそれは心と理解されてもよい。私たちのこの夢心像の中では少女はただ影のような、はっきりと認めにくい顔立ちしかもたず、しかもまだすっかり竜のとりこになっている。彼女のどんな動きも竜によって見張られ測られている。この立場から自由になることは考えられない。

しかし、次のような空想の中にはある発展がみられる。一人の魔術師が踊り子をインドの王侯の前につれていく。踊り子は魔術師の催眠術にかけられて変身の踊りをおどる。そのとき彼女はヴェールを他の人々にむかって投げかけながら次々に変化し、時には野獣に、時には人間になる。彼女は魔術師の催眠術にかけられているが、王侯から秘密の作用が彼女へと伝わる。彼女は次第に恍惚状態におちいり、踊りをやめさせようとする魔術師の命令にもはや耳をかさず、踊りつづけ、ついには骨となり地に沈む。遺骸は埋葬され、墓から一本の花がのび育ち、ここから一人の白い女性がゆらめき出る。

これは同じモチーフである。少女は魔術師の魔力のとりことなり、否応なしに彼の命令にしたがわねばならない。しかし魔術師にとっての敵役が王侯の姿であらわれ、その敵役は少女にはたらく魔術師の力を制限し、少女をこれまでのように命令によってでなく、自分自身から踊るようにさせる。踊り子が死に、変身して晴々とした形となって大地から再び立ち上がることにより、あらかじめ予告された変身が今や現実となる。

ここでとくに重要なのは、一方では魔術師として、他方では王侯としてあらわれるアニムス形象の二重化である。魔術師には、少女にさまざまな姿をさも真実のようにとらせる、アニムスの魔力的な低次の形式が示される。これに対し王侯は、前にもいったように、より高い原理の化身であり、これが本当の変身を果たさせる。それはより高い、超個人的なアニムスの一つの重要な機能であり、王侯は精神の真の華として心の変遷と変身を導き、かつそれに伴うのである。

同じこのテーマの更なるヴァリエーションは次のような夢にあらわれる。少女には一人の不思議な恋人がいる。彼は月に住み、ときどき新月の小舟で、彼女から血の犠牲をうけとりにやってくる。新月と新月の間、少女は自由に人間として人びとの中で暮しているが、新月が近づくと霊が彼女を食肉獣に変える。彼女は抗いがたい力に動かされ、ひとりで高い山へ上っていき、そこで恋人に血の犠牲を捧げる。しかしこの犠牲が月の霊を変える。つまり月の霊自身が血の受皿となり、消尽されては更新される。煙のようになった血液は植物の形になり、そこから多彩な花や葉が萌えでることになる。

いい方をかえれば、うけとられた血液によって、つまり供給されたリビドーによって、霊的原理は危険な強迫的かつ破壊的性格を失い、おのれ自身の生命、つまり自らの内からの活動力を手に入れる。

さらに同じ原理が青ひげとなってあらわれる。それは文学上よく知られるアニムス、つまり女性を誘惑し、陰密な仕方と同じく陰密な目的で殺害するところの男性の形姿である。

私たちの症例における青ひげはアマンドゥスという名でよばれる。彼は少女を自分の家におびきよせ、ぶどう酒をのませ、その後少女を殺すために地下の小部屋へつれていく。彼の計画どおり少女は一種の酔いにおそわれる。少女は突然愛の衝動にかられ、自分を殺害しようとした男を抱きしめる。彼はそのためたちまちその力を奪われ、これから先は救いの霊としてあなたのそばにいつもついている、という約束をして風の中へ消えていく。

月の婚約者の霊の呪縛が血の犠牲によって、すなわちおくられたリビドーによって解き放たれたのと同様に、ここでは愛によって、おそろしい妖怪を抱擁することによって、彼の力はうち破られる。こうした空想の中に、私はアニムスの重要な元型的表現形式が示されていると思う。それについて私たちは神話的な対比物をもっている。ディオニソス神話やディオニソス崇拝の中の同じものを知っている。

私たちの最初の空想の踊り子がそのとりこになったような、また青ひげ―アマンドゥスの物語の中で少女がおそわれたような恍惚的感動は、ディオニソス崇拝にとって特徴的な現象である。そこで神に仕え神の霊によりみたされるのは主として女性たちである。ロッシェル(Roscher)(16)は、通例神々が同性の人間によって仕えられるのとちがって、ディオニソスにとっては女性たちによって仕えられるのが特徴である、といっている。

ディオニソス崇拝との平行がそこにもまた見出されるのは、月の霊の物語の中の血の犠牲と動物への少女の変身である。そこでは生きた動物が犠牲になったり、荒れ狂うバッカスの巫女によって肉をひき裂かれたりする。これは神の定めた荒々しい狂気の仕業である。ディオニソスの祭りは、そういったことが夜になって山の上や森の中で行われる点で、オリンポスの神々の祭礼とは異なる。私たちの示した空想の中での月の霊への血の供与も、夜の時刻に山の高みで起こっている。

これに関連した文学上よく知られた二、三の形姿も述べられねばなるまい。たとえば空とぶオランダ人、ハメルンの笛吹き男、またメロディーにより少女を水や森の中へとおびきよせる民謡の中の水の精や妖精の王など。イプセンの『海からの女』の中の《異国の男》もまた現代的に解釈されたこうした形姿である。

アニムスのこうした形のとくにめだった代表者として、笛吹き男の形姿を今少しくわしく考えてみよう。笛吹き男のはなしはよく知られている。彼は自分のメロディーでねずみをありとあらゆる隅からおびき出し、ねずみどもをして彼のあとについて行かずにいられなくする。しかしただねずみだけでなく、恩義に報いようとしなかった町の人々の子供たちまでをも抗いがたい仕方でひっぱっていき、山の中へと彼らを消えさせる。ここでオルフェウスが思い出される。彼は自分の七絃琴から不思議な音色がひき出され、そのために人々や動物たちはどうしても彼のうしろについてきてしまうことを知っていた。このように未知の遠いところ、河川、森、山、冥府へと抗いがたくひきよせられ連れていかれるのは、私の思うには、典型的なアニムス現象である。もっとも、ここではアニムスの通常の本性とは逆で、意識へではなく反対に無意識へと導かれるので説明しにくいのだけれども。なお、無意識へといたることは、自然のなかや下界へと消え去っていくことで示されている。同様の現象にオーディンの眠りの棘も属するだろう。彼はそれにふれると深い眠りにおちいるのである。

ジェイムス・M・バリ (James M. Barrie) のイギリス戯曲『マリー・ローズ』(一九四七)の中にこのモチーフはとても印象的に語られている。マリー・ローズは彼女の夫を漁につれていく。《人のおとずれを待つ島》とよばれる小さな島で彼女は彼を待つことになる。待つ間に彼女は自分の名前をよぶ声をきき、その声についてゆき、そのまま消え、それが今生のわかれとなる。二十年たってはじめて彼女はもう一度姿をあらわす。もっと詳しくいうと、彼女は姿を消した時のままの姿であった。そして自分では島で数時間をすごしただけと思っていた。が、実は数年がたっていた。

このように自然の中や下界へと姿を消すということや眠りの棘にふれて眠るということは、日常生活のなかではまるでなにものかによって抵抗しがたくひきこまれるように、リビドーが現実意識や現実適応からはなれ、他の世界、たいていは未知の世界へと消えていくことであらわされる。こういう場合消えていく先の世界はのぞみごとがそのままかなう、多少なりとすでに意識されていた空想世界ないしは童話世界であり、あるいは外界を代償する避難所として与えられるような世界である。しかしその世界はそこからはもはや覚醒意識に帰ってこられないこともよくあるくらい遠くかつ深い。どこかへひきよせられると感じはするが、どこへかはわからない。そして再びわれに戻ったとき、その間になにが起こったかをいうことができない。

　こうした現象の中ではたらく霊の種類をもっとくわしく特徴づけようと思えば、そのはたらきを音楽のはたらきに比較することができよう。魅惑と誘惑は、たとえば笛吹き男の話にあるように、音楽によってなされることが非常に多い。音楽は霊の客体化として理解できる。普通の論理的‐知的意味での認識を表現するのでも素材を形成するのでもなく、おそらく最も深いところにある関係とゆるぎない法則性とを感覚的に表現するのが音楽だろう。この意味で音楽は霊であり、霊とは最も暗い闇にあり、意識にもはや通いあわぬ彼方へといたっており、その内容はもはや言葉ではとらえられない。――むしろ奇妙にも数字によってとらえうる。同時に、そしてなによりも、感情と感覚でもってとらえられる。このような一見逆説的な事態は、音楽が精神と自然がそこではまだ、あるいは再び、一つであるような深みへと媒介する通路でありうることを、それ故音楽こそ女性が精神一般を経験するのに最高にすぐれた根源的形式の一つであることを示している。だから踊りと音楽は女性のための表現形式として重要な役割を演じる。儀式的な踊りの背景にも明らかに霊的内容がそなわっている。こうした霊のわざとしての、意識を離れた宇宙的‐音楽的領域への誘惑は、身近なもの個人的なものにのみ向けられがちな女性の意識的心性と反対である。しかし、それは決して無害な体験とはいえない。というのも、一方ではそれは単なる無意識化にすぎないこともあるからである。そうなると、これは一種の睡眠あるいはもうろう状態への沈没、自然への逆戻りに他ならず、より以前の無意識水準への退行と同じものであり、だから無価値で、しかも危険である。しかし他方ではそれが真の宗教的体験を意味することがあり、そのときはむろん最高の価値をもつ。

以上に述べた形姿はアニムスを無気味で危険な様相において示すものだったが、それとならんで、もう一つ別種のアニムス形態がある。ここでの場合、星を頭にいただき、その手の中に青い鳥、心の鳥を守る天使がそれにあたる。心の守護者というこの機能は、心の指導者のそれと同様に、アニムスの高い形式、超人間的形式にふさわしい。このような高位のアニムスは意識の下位の機能へと変化したりすることはない。上位におかれたままにとどまり、かかるものとして認められ尊敬されるだろう。前に述べた踊り子の空想の中で、こうした高い男性的‐霊的原理は王侯の形態に化身していた。それは魔術師の意味ではなく、上位の霊の意味での支配者である。それは大地的‐夜陰的なものをもたない。下位の母の息子ではなく、遠くの未知なる父、すなわち超個人的な光の支配の代理者であり使者である。

こうした形態はすべて元型(17)の性格をもち(それ故神話と平行する)、したがってたとえ一面では個人に向けられ個人と関係をもつにしても、一般的には非個人的あるいは超個人的である。ところが、それとならんで人格的あるいは個人所属的なアニムスもあらわれる。つまり男性的、霊的なものがその婦人の資質にふさわしく、意識的な機能へと発展し、人格の全体の中に位置づけられる。それが彼女の夢の中で一人の男性としてあらわれ、そして夢見る女性は感情か血か行動かによって彼と結ばれる。ここでもまた《より上位の》形式と《より下位の》形式がそのつど、肯定的なあるいは否定的な徴候を示しながら、あらわれる。それはある時は長い間さがし求められ期待されてきた友人や兄弟であり、彼女を教える教師であり、彼女に宗教的な踊りの訓練をする僧侶であり、彼女の肖像を描く画家である。また《エルンスト》という名の労働者が彼女の家に来て住むことになったり、また《コンスタンチン》という名のエレベーターボーイが彼女に仕えることになったりする。彼女はときには大胆で叛乱ずきの一人の若者とうろつきまわらねばならず、陰気なジェスイット教徒に用心せねばならず、メフィストのような立派な商人から求婚されたりもする。まれにしかあらわれないが、独特なのは《外国人》の形態である。疎遠ではあるがよく知られたこの未知の人は、遠い光の王侯の使者として知らせや命令をもってやってくる。

時がたつにつれ、ここに述べられた姿が親しい形象となるのは、外界での親しい人やよく出会う人との関係と同じであり、なぜそのつどあれやこれやがあらわれるのかも理解できるようになる。

彼らと話をして忠告を受け助けをかりることもできる。しかし、ややもすると彼らのおしつけがましさを防がねばならず、その勝手なふるまいに腹を立てねばならぬことになる。そしてアニムスのこうした表現形式のあれやこれやが主権自体を分裂させたり人格を支配しようとしたりせぬよう、たえず気をつけていなければならない。

　自己とアニムスの間の区別、アニムスの勢力範囲のきびしい境界づけは非常に大切である。なぜならそうすることによってのみ、そのいまわしい結末と一体化したり、それにとり憑かれたりすることから解放されるからである。その区別が可能になることと手をたずさえて、今後決定的な法廷になるはずの自己（セルフ）が意識化されてくる。

　アニムスが超個人的なもの、つまり普遍的精神であるかぎり、なるほど心の指導者や救いをもたらす天才としてわれわれと関係をもつことはできても、われわれの意識に隷属させられるということはない。それは兄弟、友人、息子あるいは使用人としてうけ入れられたがる存在とは別のものである。この場合のアニムスの課題は、それらとは対立的に、私たちの人生や人格の中に自らの場所を得、自らの内なる力でなにごとかをはじめることなのである。

　この力がどういう方向へ活動していくかは、たいていは私たちの素質を通じて、たとえば好みを通じてすでに暗示されている。それから夢もしばしば道を指し示してくれる。そこでは、個人の特性にしたがい、研究、書物、一定の学科等や、また芸術的あるいは統率的な活動が出てくる。しかしつねに、アニムスの男性的本性に合致した、客観的で即事的な活動が問題になる。ここでは、人間のためにではなく事物のために、なにごとかをなすことが要求される。この態度は女性には苦手で、努力してはじめて到達されるものでしかない。しかしそれこそとくに重要な意味をもつのである。なぜなら、そうでなければアニムスの本性に応じた正当な要求が別の個所でもち上がり、前に述べたことのある女性の偽りの客観性として、つまり不適当なばかりか、まさしく偽りの働きをする用意をしてしまうからである。

この種の特殊な活動はべつとして、アニムスはごく一般的にいって事物や状況についての認識や、非個人的客観的理性的な見方をたすける。それは、自動的であまりにも主観的すぎる関わり方をしがちな女性にとっては、とくに価値のある獲得物になるし、また彼女の最も固有な領域、つまり関係の領域においても、とてもに役に立つことだろう。たとえば、男性を理解するために自分のもつこの男性的要因は彼女を助ける。そして――ここでとくにこのことを強調しておきたいのだが――自動的にはたらくアニムスがその不適切な《客観性》によって人間関係に障害的にはたらくということがあるにしても、人間関係の増大に対して客観的かつ非個人的にふるまうことのできるアニムスの能力もまた、それだけ大切となる。

したがってアニムスの力が働くのは男性的、精神的活動だけではない。とりわけその力は、狭い個人的なものの中にある制限やとらわれから女性を救い出すような精神的姿勢の形成をも可能にする。もし個人的な困難をとびこえて超個人的な考えや感情へと飛躍することができ、自分の悩みなど微々たるもので大したことでないと思えるなら、それはどんなに慰めになりどんなに助けになることであろうか！

このような姿勢を獲得し課題を果たそうとするなら、自然に近い本性をもった女性には男性にくらべてはるかに困難な訓練がとりわけて必要になる。その訓練に応じてアニムスもまた、車の前につながれる従順な馬のように、いらだつことのない精神となるだろう。もっとも、アニムスがあまりにも要素的特質をつよくもっていたり、また鈍重な無感覚のままでいたり、無統制なふらつきで混乱したり、そよ風にのって連れ出されたりすることはありうるだろう。放浪者や無定見者を統御し、服従と目的ある仕事へとかり立てるきびしく呵責のない指導が、そこでは必要である。

もちろん今日の女性の大部分にあっては道は別様だろう。つまりアニムス問題そのものを本当に意識する以前に、すでに研究家的、芸術家的、組織家的、もしくはその他の職業的活動において訓練と即事的態度を身につけてしまった女性たちでは別だろう。それにふさわしい素質があれば、アニムスとの同一視の上に立って、そうすることはおそらく可能だろう。しかし私のみるかぎり、このような女性たちはしばしば上首尾の職業活動の真最中に、女性存在を問題とするようになる。それもたいていは不満足という形、人間的価値への欲求、単に即物的でない自然性と女性性への欲求の形であらわれる。またしばしば、心ならずも困難な人間関係にまきこまれたり、事故や運命によって型通りの女性状況に陥り、それに対しどんなにふるまったらよいかわからないといったことがおこる。アニマに対した際の男性と同じように、婦人もここで或る種の困難にぶつかる。いわばより高い人間性、優越性を犠牲に供し、あまり価値がないとみられるもの、弱いもの、受身のもの、即事的でないこと、非論理的なこと、自然に近いもの、つまるところ女性的なものをどうしても受入れざるをえなくなる。しかし結局のところいろいろな道が同じ目的をめざしており、どの道を行くとしても危険と困難は同じである。精神的発達と即事的活動が第二義的であるような女性にも、アニムスに呑みこまれたり、それと一体化してしまう危険がある。だから、無意識からの諸力を閉じ込め、しかも自我を大地と生活とに結びつけておく対抗力のあることが最も重要である。私たちはこれをまず第一に、意識を増大し、自分の個人性をつねにたしかにしておくことによって発見し、第二には、精神的な力を利用できる仕事をすることによって発見し、第三には——最後だが軽んずべきではない——他の人々との関係のなかで発見する。人間の関係とはアニムスのもつ超-人間性あるいは外-人間性に対して人間的なるものがもちうる支点と定位点だといえる。ここで婦人と婦人との関係もまた大きな意味をもつ。私は、いかに多くの女性たちが、アニムス問題の急進化と平行して次第に同性に関心をもちはじめ、女性同士の関係をいっそう大きな要求として、いや必然性として感じとるようになるかを観察した。ここにたぶんしばしば見失われがちな女性的連帯の始まりがあろう。これは、だれにでも起こりうる危険を意識に上らせることによってはじめて可能になることである。女性の価値を評価したり強調したりすることが前提条件となって、私たちは私たち自身として二重に、つまり内的かつ外的に、強力な男性原理に対抗する地歩を獲得することができる。もしこの男性原理が専制君主的になり、女性の本来の基盤を、すなわち彼女が最も本来的で最良のものを実現できる領分を脅かすほどになると、彼女の生そのものが危険におとしいれられてしまう。

アニムスによって呑みこまれる代りに、アニムスから自分を区別しアニムスに対抗して自分を堅持することに成功するなら、アニムスはもはや危険どころか創造の力となる。そして私たちは創造する力を必要としている。なぜなら、そうなることはまれであるにしても、心のこうした男性性が所を得、それに応じたはたらきを発揮することによってはじめて、女性は本当にいっそう高い意味での存在となりうるからである。そして同時に私たちが私たち自身であることによって、私たちの本来の人間的使命を全うすることも可能になるからである。

自然存在としてのアニマ

水の中、大気の中、大地の中、火の中、動物と植物の中に住む要素《エレメント》的存在という表象は非常に古くからあり、しかも地上全土にひろがっており、それについての神話や童話、民俗学や詩が私たちに無数の証拠を提供している。これらは互いがおどろくほどの類似を示すのだが、それのみならず、現代人の夢や空想の中の形象にも似ている。こういったことから、多かれ少なかれ恒常的要因を基礎にしているにちがいないと推論されるようになった。

深層心理学の研究が示したように、精神の自発的な神話作成能力のもたらす心像や形象は、ただ外的現象の模写や書き換えとしてのみ理解されるべきではない。内的な精神的所与の表現としても理解されるべきであり、それらは一種の精神の自己描写とみることもできる。この観点を上に述べた表象にも適用してよいだろう。この章では、アニマ形象がどのようにしてつくり上げられるかが、しらべられるはずである。ここで資料をすっかり展望することは私には不可能だから、若干の典型例をあげるにとどめ、しかも私の問題提出にとり重要と思われる側面にのみ詳しく立入ることにする。つまり私は、巨人、小人、妖精等々のような数多い自然存在の中で、女性という性のゆえに、しかもそれが一人の男性と関係をもつことにより、アニマの化身となるようなもののみに考察をしぼった。アニマとは、いうまでもなく男性の内なる女性的人格要因をあらわすのだが、同時にまた男性が女性についていだく心像、いいかえれば女性性の元型《アルヘティープス》でもある。

それゆえ、アニマ形象として捉えうる形姿であるためには、典型的に女性的な特徴がはっきりとそこに認められる必要がある。ここではこの典型的な女性的特徴にとくに注意をむけよう。そうすることでアニマ一般の本性を深く洞察することができると思われるから。こうしたことを考えるためには、問題となる本性のうち、まず多くの伝説や童話の中で知られるニンフ、白鳥の乙女、水の精、女神をあげるのがよいだろう。彼女らは概ね誘惑的な美しさをもっているが、半分しか人間でなく、水の精のように魚のような尻尾をもち、白鳥の乙女のように鳥に化身する。彼女らはおおくは多数であらわれる。とくに三人づれが多い。未分化なアニムスが多数であらわれるのと同様である。

これらの生き物はその魅力や魔法の唄により男性を彼女らの世界へとおびきよせる（シレーネ、ローレライ等々）。そこが彼にとってこの世との別れとなったり、あるいは特別意味ぶかいことだが、彼女は彼とこの世で生きんがため彼を愛のとりこにしようとする。しかし彼女らにはいつも何か無気味なものが付着しており、また超えてはならぬタブーが結びついている。

きわめて根源的でほとんど神話的ともいえる形姿は白鳥の乙女である。これは世界的にひろくみられる。このモチーフの最も早くからある文学的表現はたぶんプルラバとウルバシの物語であろう。それは最も古いヴェーダ書の一つ『リグ・ヴェーダ』（1）の中にあり、またもっとはっきりとくわしくは『シャタパタ・ブラーフマナ』(2)の中に伝えられている。それについてここで簡単に述べておこう。

ニンフ（アプサラ）(3)のウルバシはプルラバを愛した。彼女は、彼が彼女を毎日三度抱くこと、しかし彼女の意志にさからって同衾しないこと、彼女の前で裸にならぬことを条件に、彼と結婚した。数年たって彼女は妊娠した。その時ガンダルバ(3)はウルバシがもう十分に人間のもとに逗留したことに気づき、どうすれば彼女が戻る気になるかと考えた。さてその時ウルバシの寝所では一匹の母羊が二匹の仔羊と一緒につながれていた。一夜のうちにガンダルバはこの羊たちを盗み出した。《私の仔羊たちが奪われたのよ。まるで私のそばにはひとりの男もひとりの英雄もいないようね！》と彼女はなげいた。これを聞いて、プルラバは裸のまま掠奪者を追いかけようととび出した。その瞬間ガンダルバはいなずまをつくり出し、ウルバシは彼女のつれあいを明るい昼のような光の中でみた。彼女の出した条件の一つが違反された。プルラバが戻った時、彼女は姿を消していた。

彼はすっかり絶望して国中をさまよい歩き、ウルバシをもう一度みたいという願いにもえた。ある日彼は蓮の湖のほとりにやってきた。湖には水鳥が泳いでいた。それはニンフたちであり、探し求めるウルバシもその中にいた。プルラバを認めて、彼女は彼の前に人間の姿であらわれた。彼は彼女を認めると、自分と話をしてくれるよう懇願する。《お待ち、残酷な人よ、お互いに話し合おうではないか。はっきりと口に出せぬ秘密はわれわれになんの喜びももたらしはしない》。彼女は答えた。《いったい何をあなたと話せっていうの？　私は朝焼けのように消えてしまったのだし、風のようにつかまえにくいのよ。お帰りなさいプルラバ、私があなたに何をいったってあなたにはどうしようもないことよ。あなたには私はつかまえられやしない、お帰り》。プルラバはいった。《おまえの友は遠くへ去り、もう帰ってはこないだろう。彼は死に、狼が彼をひきさいてしまうだろう》。つづいてウルバシはいう。《そんなふうに急いではだめ。死なないで。狼にあなたをひきさいたりはさせないから。そんなに心配しないでね！　でも女と友情をもつことはできない相談よ。彼女はハイエナのような心をもっているの。悲しまないで家に帰ってね。私は死ぬことのできる者たちの間をさまよっていた時、毎日少しばかり供物の脂をたべていたの。それで今もまだこうして満腹でいられるの》。

けれども結局、彼女のあわれみはよび覚まされ、彼女は彼に一年後にもう一度やってくるようにといった。一年の後彼女は一夜を彼にゆだね、息子が生まれる。彼がいっときの後再びその場所にやってきた時、そこには黄金の宮殿が立っていた。入るようにとよびかけられ、妻がつれられてくる。翌朝ガンダルバは彼に一つの願いをもつことを許す。彼はウルバシの忠告にしたがい、ガンダルバの仲間の一人になることを望み、そしてその望みは許された。しかしそうなるためには、彼はその前に犠牲をはらわねばならなかった。この目的のためガンダルバは彼に火のともった皿を与えた。彼はそれを受けとり、二人の間に生まれた息子をもらいうけ、自分の村につれ帰った。そして彼は犠牲の火にふさわしい木をさがしにいき、それをガンダルバにいわれた通りに燃やすと、プルラバはガンダルバの仲間になった。

この大昔の話はすでに二、三の典型的な特徴を示しており、その特徴は後に別の場所であらわれる異本のなかでもくりかえされている。この特徴の一つは、こういう存在との結合は或る一定の条件と結びついており、それがみたされぬと致命的影響があるということである。この物語の中ではプルラバはウルバシから裸をみられてはならない。それと似た禁止はアモールとプシケの有名な話（4）の中にもみいだされる。そこでは人間であるプシケが神である夫の姿をみることを禁じられているのだが、ここではニンフのウルバシが人間であるプルラバの裸を、つまりあるがままの彼をみようとしてはならぬというところが逆さまなだけである。たとえ意図せぬとはいえ、禁止を犯したウルバシは彼女の本性へと立ち戻ることになる。彼女は自分がプルラバのもとにいる間に食べたわずかな犠牲の脂によって、こうしていつも満腹でいられるというとき、彼女には人間的現実が適合しないことが暗に示されている。そして彼女は自分の世界に立ち戻ることによって自分の夫をも自分の方へとひっぱりよせる。むろん息子についても語られている。息子は消え去ったウルバシが生んだものであり、そしてプルラバが自分の家につれ帰るのだから、明らかに彼らの結びつきからは人間の領域に足がかりをもつ何かが生じたわけだが、ただそれについてはこれ以上何も語られていない(5)。

プルラバと天上に帰ったニンフとの関係をみれば、彼らの態度のちがいはとりわけ目立つことになる。プルラバは人間的感情をもった恋人を失ったことを嘆き、彼女と語りたいと思い、もう一度みつけようとさがすのだが、ウルバシの彼への言葉には心のない自然存在があらわれている。彼女が、女性たちはハイエナの心をもつものだと言うとき、そのような自分への批判をしているのである。

神話の心像を自然力や自然過程の具現化ととらえる学派の人々は、白鳥の乙女の姿のなかに水上に漂う靄《もや》をみる。その靄は上昇しながら凝縮して雲となり、次いで同じように白鳥となって空高くのぼっていく。この形態は、心理学的観点からみても、靄とか雲との比較が不似合いではない。というのは、いわゆる無意識の内容というものはおそらくそれがまったく意識されないか、ほとんど意識されないかぎり、まだなんらしっかりした形をもたず、不特定に変化しあい、移行しあい、変容しあう。それらは、無意識から浮び上り意識によってとらえられてはじめて、はっきり明瞭に認められるようになる。そうなってはじめて何か特定のものがそこにあるといえる。無意識をしっかりとした境界のある、ほとんど具体的な内容をもった現実的空間と考えてはならない。もっぱらそれは直観しがたいものを悟性に近づけるための補助的表象に他ならない。無意識の諸内容が入眠時幻覚や表象にあらわれる場合は雲に似た形のものが何かのはじまりの段階としてあらわれ、後に定まった形になる。これに似たイメージをゲーテも思い浮かべていて、彼は母の国を述べるにあたりメフィストからファウストにむかってこういわせている。

すでにつくられているものから逃れて、
形態から解き放たれた国へおいでなさい。
もはや疾くに存在せぬものをお楽しみなさい。
すると、去来する雲のように組んづ解れつする群に出会うでしょう。
そしたらこの鍵をふるってそれをお避けなさい。

（『ファウスト』相良守峯訳）

これまでに述べてきたことからこう考えてもよい。ニンフのウルバシによってあらわされる女性的なものは、人間の領域すなわち覚醒意識の中で生き続け自己を実現するには、まだあまりにもあいまいで実体をもたない。彼女の《私は朝焼けのように消え去り、風のようにとらえにくい》という言葉には、まさに彼女の本性であるところの実質のない息のような性状がほのめかされている。この性状はなるほど自然の霊にも合致するが、ここでは一種の夢幻的非現実性がそれによって暗示されているといえよう。

まったく似た性格をもつものに、八世紀に書かれたアイルランドの民話《エンガスの夢》がある(6)。神の出身であるエンガスは夢の中で自分の寝所に美しい少女がやってくるのをみる。彼は少女を手でつかもうとしたが、少女はすでに消えていた。次の夜、少女は再びやってきた。少女は今度は手に竪琴をもち妙なる調べをかなで聴かせる。まる一年がたった。エンガスはあこがれのあまり病をえた。一人の医師が彼の悩みを認め、国中にわたって少女はさがしもとめられた。――医師のいうには――少女はもうエンガスにきめている、というのであった。こうしてついに、少女は妖精の王の娘であり、二年ごとに白鳥に変身する習わしのあることがわかった。彼女に会うためにエンガスはきめられた日にきめられた湖にやってきた。そこへついた時、彼は水の上の白鳥が対になって銀のくさりでつながれているのを三度みた。エンガスは夢の恋人の名をよんだ。彼女は彼を認めすぐにも岸に近づこうとしたが、彼が話しかけるとまたもや水中へ戻ろうとした。彼は後を追って水の中へ足をふみこんだ。彼女が彼のところへやってきた。彼らは抱きあい、二羽の白鳥の姿のまま眠りこんだ。それから湖のまわりを三回泳ぎ、こうして彼女の出した条件はみたされた。とうとう彼らは（エンガスの父の家へと）とび立った。そのとき彼らはあまりにも美事に美しくうたい飛んだので、それを聴いたものはみな三日間眠りこまねばならなかった。白鳥の乙女はそれ以来エンガスのもとにとどまった。

この物語の中では夢幻的性格がとくにはっきり表現されている。彼にとりまだみもしらぬ恋人がまず睡眠中にあらわれるということや、彼女が、はっきりと表明しているように、彼のものときめられており、彼も彼女なしには生きられないという状況は、疑いもなく——彼の半分としての——アニマを指し示している。彼は彼女のいう条件を守り、少なくともある時間のあいだ彼女を水中に戻し、自分まで白鳥になる。言葉をかえていえば、彼は彼女の要素《エレメント》の中で彼女の水準に合わせて出会おうとし、それにより彼女は永久に彼のものになる。これはアニマとの関係において真なることを証拠立てるやり方である。——二羽の白鳥の、人を恍惚とさせる歌は、対立的ではあるものの互いに関連のある存在が調和した和音の中で一つの単一体へと結ばれることの表現である。

これとはまるでちがった神話的—太古的形式の白鳥の乙女は北欧のワルキュリヤである。戦の処女というこの名前の由来は、北欧神話の主神オーディンに仕える彼女たちが戦で死んだ戦士たちをヴァルハーラの宮殿へと運ぶべく、彼らを受けとりにいくからである(7)。彼女の務めはまた勝利と敗北を授けることでもあり、その点で運命の糸を張ったり切ったりする運命の女神ノルネとの近縁性はあきらかである。他方、彼女が宮殿の勇者たちに角さかずきをさし出す時には、召使いとしての日常のはたらきを果たしている。しかし飲みものをさし出すことは同時にまた、関係と結びつきをあらわす意味ぶかい仕草でもある。アニマ形象が男性に愛の、鼓舞の、変身の、死のさかずきをすすめるというモチーフはしばしばみられる。ワルキュリヤはまた願望の乙女(8)ともよばれる。そして時には、たとえばブリュンヒルデのように、偉大な勇者の恋人あるいは配偶者として彼らに戦場での保護と助力をさずける。

このような半神的存在の中にアニマの元型的な一つの形式をよみとってもよいだろう。もっともそれは、荒々しい戦好きの男性にふさわしいアニマである。ワルキュリヤに関しても、彼女の最大の情熱は戦いであるといわれる。彼女らは、アニマの場合にもそれがあたるのだが、男性の願望と努力を具現しており、男性が戦いをめざすかぎり彼らの女性的なものも同じく戦いの姿であらわれる。普通ワルキュリヤは騎馬で行くと考えられているが、《風と水にのって進む》こともあり、また白鳥の姿をとることもある(9)。

《エッダ》(10)の最古の唄の一つであるヴェールンド(ヴィーランド)の唄は白鳥の乙女のモチー

フではじまる。

南から少女たちが
ミルキッドの森の上をとんできた
いくさを目覚めさせるという
白鳥の乙女たち、
湖水のふちにおり立ち
南の子らは
高価な亜麻を紡ぐ(11)。

もっともこの唄では、ヴェールンドとその二人の兄が、他の類似の物語でと同様、乙女たちからその白鳥の羽衣を奪い、乙女たちを自分たちのもとにとどめおかせたというくだりは、はっきりとはいわれず暗示されるだけである。ともかく三人の兄弟のめいめいが三人の少女の一人ずつを手に入れて、こうして彼女らは七冬もそこにいた。
だが八冬めには懐郷の念つのり、
九冬めには
矢も楯もたまらずわかれを告げた。
少女たちはミルキッドの上を
飛び去ることを思いこがれた。
戦を目覚めさせる
白鳥の乙女たちが。

彼女らはそこをとび去り、ヴェールンドの兄二人は消え去った妻を求めて追いかける。しかしヴェールンドだけは金の指輪をつくりながら愛するものの帰りを待って家にとどまった。この唄のつづきはそれ以上何も語らず、別の方向にそれていく。

ここで目につくのは、少女たちが戦に抗いたい憧れを感じ、そこからとび去ることで兄弟たちをひきつける点である。心理学の言葉をかりると、新しい企てへの願いや憧れはまず無意識的-女性的なもののなかにあらわれる。何か新しいことがらへの努力は、それがはっきりと意識にのぼる前に、たいてい情緒の動きという形で、おぼろげな情動や説明しがたい気分としてあらわれる。ヴェールンドの唄や他の多くの民話の中でのように、それらが女性の姿をとおしてあらわれるということは、無意識の中で進行する動きがそれを知覚するアニマによって、つまり男性のなかの女性性によって意識に仲介されることを意味する。

こうした出来事が衝動と直観を生み出し、それが新しい可能性をみいださせ、男性をしてそれを追いかけ獲得しようとする気を起させる。白鳥の乙女が戦を目覚めさせようと思えば、彼女はアニマに特徴的な《霊感を与える女》の役割を――むろん素朴な段階でだが――演じる。そこで男性が霊感をうけて向かう《仕事》とは、何はさておき戦いである。

中世の宮廷文学のなかで、女性は好んでこのような役割で、しかも洗練されたやり方で描かれている。騎士は貴婦人のために馬上で戦い――彼は彼女の印をたとえば自分のかぶとの袖につけ――彼女がそこにいることが彼を鼓舞し彼の勇気を高め、彼女は彼に勝利の褒賞を授ける。それはしばしば彼女の愛である。しかし彼女が彼女の騎士に忠誠のあかしとして残酷な方法で無意味で超人的な行為を要求することもしばしばである(12)。

最初の恋愛詩人として有名なポワテールの伯爵ウィルヘルム九世は自分の恋人の姿を楯に描かせていたと報告されている。霊感が戦以外の事柄にも徐々にどのように関係しはじめるかを、こうした文献のなかで追求することは興味ぶかい。

アヴァントゥール夫人 (Frau Aventiure) という名前もまた、冒険好き (Abenteuerlust) という男性的特質が女性的存在として人格化されたことを示している。

白鳥の乙女のさらに今一つの特性は、未来を告げる女ということである。戦[13]の乙女ワルキュリヤは戦の運命の糸をつむぎ[14]、それにより来るべき運命の準備をするという点で、運命の女神ノルネたちと同じである。運命の女神たちもまた――その名前は過去、現在、未来の意味でウルド、ヴェルダンディ、スクルドであるが――生成と消滅という自然の生命過程を体現している。

ケルト圏内では、同じ性格が童話でおなじみの運命の女神 (Feen) に与えられている。その名前は託宣[15](fatum) と関係があり、好んで三の数であらわれる。その際最初の二人が授けた善は三人目によって取り消される。これは運命の女神ノルネかパルツェを思い出させる特徴である。

『ニーベルンゲンの歌』[16]はニーベルンゲン人たちがフン王エッツェルのところへの旅の途中、波高きドナウに達し渡河点を求めて勇士ハーゲンが先行したときのことを物語っている。その時彼は水のはねる音を聞き、近寄って《ヴィシュウ・ヴィップ》(賢い女性たち) が美しい泉の中で浴《ゆあ》みをしているのをみた。彼はしのびより彼女らの着物をとり隠す。もしそれを返してくれるなら、とその中の一人がいった。彼女らは彼らの旅に何がおこるか教えよう、と。

彼女たちは鳥のように
流れに漂って泳いでいる。
彼には彼女たちが事柄を
よくしっているように思われる。
彼は、彼女たちが自分に何を
いってくれるにしても、信じようと思う(17)。

ここでも水鳥に似た賢い女性たちが、未来の出来事を告知するものとして出現している。

ゲルマン民族は女性に予言の才を賦与し、そのため彼女らが尊敬され思慕されたことはよく知られている。北欧神話の主神オーディンさえ、女予言者ヴァラによって運命を告知させている。タキトゥス(18)は女占者ヴェレダについて述べているが、彼女はその種族ブルックテレルのもとでは大いなる権威を享受していた。ヴェスパジアン治下で捕虜としてローマへ送られたユリウス・カエサルは、ゲルマン人のところでは次のような風俗習慣があると報告している。

《彼らの家族の母はさいを投げることと予言することによって、戦をするのが得策かどうかを知らせる……》(19)。

ギリシャ人とローマ人のところではピチアとシビルがこうした働きをつかさどっていた。

こういった考え方は長い間もち続けられたものと思われる。それは、たとえばグリム(20)が十三世紀のレイデネルの書きものに従って綴った、カール大帝についての歴史誌をひもとけばわかる。その物語はアーヘン市の名前の由来を解きあかしてくれる。カール大帝はそこで一人の賢い女性をえた。《魔法使いとか運命の女神、別名をニンフ、あるいはドリアスとよばれる女である》(21)。彼は彼女と交わった。彼女は彼が彼女のもとにいる時は生き、立ち去れば死んだ。ある日二人が興じていたとき、ひとすじの日射しが彼女の口の中にさしこみ、カールは彼女の舌の上に、一つの金の粒がのっているのをみる。彼はこれを切りとらせた。このニンフは死に、もはや生きかえることはなかった。

このニンフはユングが《ボローニヤの謎》と題した文章の中であつかった神秘的なアエリア・ラエリア・クリスピスを思い出させる(22)。

いったいどうやって予言の才や占いの術がとくに女性に賦与されているのかを自問するなら、それに対しては、女性は一般的に男性より無意識にむかっていっそう開かれているからだ、と答えるべきだろう。受容性は女性的態度であり、開かれてあることと空であることを前提とする。だからユング[23]はそれを女性の大いなる秘密とよぶ。さらにその上、女性の心理は男性の合理性に定位した意識ほどには非合理を拒まない。男の意識はすべての合理的でないものをよせつけぬ傾向をもち、またこういった理由からしばしば無意識にむかって心を閉ざす。すでにプラトン[24]は『パイドロス』の中であまりにも理性的すぎる態度を批判し——とくに愛が問題である場合——非合理なものを讃えている。狂気でさえ、それが神の賜物であるかぎりにおいて、讃えている。彼はそれについていろいろな形式を語っている。

一、ピチアによって告げられる神託の智。それは、たとえば国家の利益にとっての助言をさずける。《デルフォイの女予言者とドドナの尼は狂気の状態でヘラスに多くのことがらと美なるものを授けた。しかし正気ではごくわずかか、まったく何もしなかった》。

二、シビルの予言の才。これは未来を前もって予言する。

三、ミューズによってひきおこされる神霊感応。

ピチア、シビルおよびミューズは女性であり、すでに述べた北欧の女予言者に匹敵する。またその言葉は非合理であって、理性やロゴスの観点からみると狂気のように思われる。この能力は女性だけのものではない。いつの時代にも必ず男性の予言者はいた。しかしそれは、意識の彼岸の領域からの霊感に彼らを感じやすくさせる彼らの内なる女性的–受容的態度によって、可能なのであった。

男性の中の女性的なものとしてのアニマは、非合理に対してこのような受容性ととらわれのなさをもっている。それ故無意識と意識の間を媒介するものといえる。とくに創造力ある男性ではこのような女性的態度が重要な役を演じる。作品の受胎や懐妊あるいは思想の孵化という表現がなされるのは、理由のないことではない。

白鳥の乙女のモチーフは数多くの童話の中にもみられる(25)。ここで『狩人と白鳥の乙女』の童話を例として簡単に述べよう。

一人の山番が小鹿のあとを追って湖のほとりに来た時、三羽の白い白鳥がとびまわっていました。すぐさまそれは三人の美しい少女になり湖の中で水浴をしました。しばらくして彼女たちは再び水から上がると白鳥となってとび立ちました。しかし、彼の心から少女たちが立ち去らなかったので、彼はその中の一人と結婚しようと決心しました。そこで彼は三日たって再び湖へ行き、そこで水浴する少女たちをみつけました。彼はそっとしのびより、一番年若い少女の置いた白鳥の衣を手にとりました。彼女はそれを返してほしいと懇願しましたが、彼は聞こえぬふりをしてそれをもって家に帰りました。少女はしかたなく彼の後についていきました。少女は山番の人々から暖かく迎えられ、狩人との結婚を承知しました。けれども白鳥の衣は彼のお母さんが箱の中へしまいこんで彼女には渡しませんでした。二人はなん年も互いに幸せに暮らしたのでしたが、ある日お母さんは片付けものをしているうちにその小箱をみつけて開けました。若妻は自分の白鳥の衣をみつけたとたん、すばやくそれを身にまといました。そして《私をもう一度みたければ白く輝く岩の上のガラスの山へくることです》(26)という言葉を残して、とび去りました。悲しみに沈んだ狩人は彼女を求めてでかけました。たくさんの辛いことがあった後に、彼を助けてくれる動物たちのおかげで、彼は彼女をみつけ、助け出しました。彼女は、魔法をかけられた王女だったのでした。

私がこの童話をかなりくわしく伝えた理由は、これが新しい非常に重要なモチーフ、つまり救いのモチーフを含むからである。呪いを解かれなければならない、ないしは魔法にかけられてあるという状況は、白鳥の姿がもともとの状態ではなく、王女であることを隠す、いわば衣のような副次的に生じたものであることを暗示している。動物の形の背後にはより高いものがひそんでおり、それは救いだされるべきものであり、遂には英雄と合一するはずのものである。

多くの童話の中の救いだされるべき王女とは明らかにアニマをさしている。しかし、白鳥の前身が王女だったことを童話があかすとき、それによって、《魔法》によってとりのぞかれ、再びとり戻さなければならぬところの、原初的に存在する統一性と全体性の状態がほのめかされる。完全性という原初的状態が人間の罪ぶかい態度や神々のねたみによって破壊されたというのは、古くからある考え方である。それは多くの宗教や哲学の体系の基礎になっている。聖書の中の堕罪、はじめは球形で、次いで真二つにわかれるプラトンの原初存在、さらに物質の中にとりことなっている神秘的直観のソフィアといったものが、それを示している。

心理学的に表現すれば次のようになるだろう。子供にとってはまだ自分のものである原初的全体性が、生活の要請と意識の増大する発達とによってこわされたり、そこなわれたりする。たとえば男性の自我意識の発達においては女性的側面はかえりみられず、そのためこの女性的側面は《自然の状態》にとどまったままでいる。同様のことが心理学的機能の分化についてもあてはまる。いわゆる劣った機能はおくれたままにとどまり、その結果未分化であり無意識である。だからその機能は同じく無意識のアニマと結びつきやすい。救いはこのような無意識的な精神のエレメントを認め、統合することにある。

『奪われたヴェール』(27)という童話は、素材をロマンティクの時代にふさわしい新しいとらえ方で表現している。場所は鉱山の中のいわゆる白鳥の野で、そこには美を授ける鉱泉がある。童話は前に述べたような典型的な特徴を含んでいるが、ここではただ白鳥の衣の代りに水浴する女のヴェール（と指輪）がすりとられ、そのため彼女はそこにとどまらねばならない。騎士は彼女を自分の故郷へとつれていく。そこで婚礼がなされるはずであった。彼もまた自分の母にヴェールをあずけた。いよいよ婚礼の日が来て花嫁がヴェールのないのを案じた時、母がそれをとり出した。花嫁はヴェールを身につけ頭に冠をおくと、すぐ白鳥になって窓から外へととび去った。

ここでくわしく話すにはこの童話はあまりにも長すぎる。――だからここではただ、一見善意からのようにして花嫁に白鳥の衣をかえして彼女を立ち去らせる、男の母親がいることを示すにとどめよう。

もし母のやりようによって恋人二人がひき離されるなら、現実にもしばしば出会うように、母とアニマとの間の仮装された競争をそこから推論することもできるだろう。他方こうした特徴はまたその親族を再びよび戻そうとする《太母》の、つまり無意識の傾向として理解することもできよう。

王冠によって示される白鳥の乙女の出自は、乙女を高い種類の存在として特徴づけているが、それはアニマの超人的で神的な様相と関係がある。多くの童話の中で魔法にかけられている王女の姿を女性心理学から理解してみると、なおいっそうこのことがよくわかる。この場合の彼女は女性のいっそう高い人格あるいは自己《ゼルプスト》をあらわすことになる(28)。

鳥の形態も自然存在の動物らしさだけを象徴化するのではなく、空気の被造物として、さらにその中にまどろむ精神的可能性をも暗示している。

とくにポピュラーで寿命の長い自然要素的存在は水の精である。童話やあらゆる時代の民話や民謡がそれをとり上げ、その形態は数多くの画でわれわれに親しいものになっている。現代の詩人にとってもなお題材(29)として役立っているし、しばしば夢や空想の中にもあらわれる。

十三世紀の詩人に好んで使われたこうした水の本性の古いよび名は《メルミーネ》(30)あるいは《メルファイ》である。彼女らは、白鳥の乙女と同様に、自分の予言力と自然についての知識ゆえに《ヴィシュー・ヴィップ》(賢い女)ともよばれる。しかし、一般的にみると私たちが次に述べるように、この水の精では明らかにもう一つの要因の方が前景に立っている。それはエロスの要因である。それは女性への代償なき求愛として知られる中世の時代現象に一致していた。当時、つまり十二、十三世紀に端を発する婦人とエロスへの新しい態度の表現であった。しかも、これは僧院で当時いとなまれたロゴス育成に対向する騎士道的対極でもあった。いわずもがなだが、この婦人の称揚はアニマの明確な出現とその働きの力強さによってそのかされたのである。このことはあの時代の詩文からも証明されるように思える(31)。

本質的に女性的なものとしてのアニマは、女性と同様、とりわけエロスによって、つまり結合の原理、関係の原理によって規定されるが、これに対し男性は一般的に区別し秩序づけるロゴスの原理、つまり理性に義務を負っている。

さて、メルミーネと彼女の仲間たちはいつも一人の男性と恋愛関係をもつか、あるいはそれが基本的に女性的なはたらきであるような関係を作りあげようとこころみる。この点において、彼女たちは白鳥の乙女から区別される。つまり白鳥の乙女は自分から関係をつくろうとせず、羽衣を盗まれることで、つまり奸策によって男性の手におちる。それゆえに逃げる機会をうかがう。こうした関係はきわだって衝動的な性質のもので、そこでは心の要因が、つまり本能的なものを超えた意味が欠落している。男性が多少なりとも暴力的な手段で女性を捕えるという状況の中でえがかれるのは、彼のエロス的態度のごく原初的な段階にすぎない。だから、彼と結ばれる生き物が、彼に暴力をふるわれないことや、打撃をうけないことや、いやな言葉をいわれないことなどを求めるのは、理由のないことではない。

水の女神や妖精の民話は、とくにケルト族のいた領域では広くみられる。多くの場所で、とりわけウェールズ、スコットランド、アイルランドでは、それらは特定の地方とか家族に結びついており、その一部は最近まで生き続けていた。

多くの中の一例として私はウェールズのこうした一つの民話を述べよう。それはジョーン・リース（John Rhys）(32)というケルトの民話の著名な蒐集家によって記録されたものである。

出来事は十二世紀の末頃ウェールズのシールマルテンシャーのある村で起こったといわれる。一人のやもめが自分の息子といっしょに住んでいた。ある時息子は山の中へ家畜の番にいき、ある湖のほとりへやってきた。湖面には一人の少女が坐っており、そのたとえようのない美しさに彼はすっかりおどろいてしまった。彼女は縮れた髪の毛を櫛でとかそうとしていた。水は彼女の鏡だった。彼女は突然その若い男をみつけた。彼はずっと彼女をみつめていたが、彼女を岸におびきよせるために一切れのパンをさしのべた。彼女は近づいたが、かたくなにパンをつきかえし、彼が彼女をとらえようとすると水にもぐってしまった。彼は落胆して家に帰り、翌日再び湖にやってきた。今度は母のすすめで焼かれていないパンをさし出したが、同じようにききめはなかった。彼が三日目に半焼きのパンでためした時、はじめて彼女はこのパンをとる素振りを示した。そして彼を勇気づけて彼女の手をつかまえるようにさせた。数語を交わした後彼女は彼の妻になることを承諾したが、いわれもなく彼女を三回打つようなことがあれば彼を永久にみすてるだろう、とつけ加えた。彼は喜んでその条件に同意した。そして彼女は再び水の中へと消えた。その後すぐ二人の美しい少女が一人の威風堂々とした灰色の髪の男性と共にあらわれた。彼は花嫁の父だといって自己紹介をし、二人の少女のうち正しい方を選べば結婚することに同意しようといった。これはまったく容易なことではなかった。二人はすっかり同じようにみえた。が、ついに彼は自分の恋人をサンダルのはき方でみわけた。父は結婚の持参金として彼女に一呼吸のうちにかぞえられるだけの牝牛と牝山羊と馬を約束した。彼女が一呼吸する間に動物たちは水から上がってきた。夫婦は彼らの住まいを隣の農場に定め、そこで幸せに裕福に暮らし、三人の息子が生まれた。

ある日彼らは洗礼に招かれた。妻は出かけたがらなかったが、夫はききいれなかった。彼女が牧草地から馬をつれて来るのに手間どった時、彼は彼女の肩を手袋で軽く一打ちした。そのあと彼女は彼にかつてのとりきめを思い出させた。

べつのとき、彼女はある婚礼に加わったが、その時、うきうきしている客たちの間でわっと泣き出した。夫が彼女の肩をたたきながらそのわけをたずねると、彼女は答えて《今このお二人には辛いことがはじまるの。それからあなたにもね。これでもう二度私を打ったのですから》といった。今度は葬式の席にいたとき、みなが悲しんでいるのに彼女はそれと反対に羽目をはずした笑いの発作におそわれた。むろんそれは彼女の夫に耐えがたいことだったので、彼は彼女をつきとばし、そんなに笑うものではないと注意した。彼女は、人間たちは死ぬけれど死ねば苦から解放されるのだから笑ったのだと話して立ち上がると、この言葉を最後に家から立ち去った。《あなたが打ったたか

らおしまいね。私たちの約束は終わったわ。ごきげんよう！》
彼女は自分の庭に動物たちをよび集めると、その家畜の群れを残らずつれて湖へと戻り、その中へ潜っていった。

この物語はあきらめきれぬ夫がその後どうしたかについては語らず、息子たちについて次のように語っている。彼らはしばしば湖の岸へ行き、彼らの母はそこでたびたび彼らの前に姿をあらわした。しかも彼女は、一番年上の息子に、お前は人々に慈善をなすべき天職にあり、お前は人々のもろもろの病気を治すことになるだろうと伝えた。この目的のために彼女は彼に医学の処方の入った袋を手渡し、自分の助言を彼が必要とする時はいつでもあらわれると約束した。実際彼女はなんどもあらわれ、自分の息子に薬草やその効能について教えたので、息子はその知識と治療技術によって名声を博した。

この医者の家族の最後の子孫は一七一九年と一七三九年に死んだといわれる。

この物語の中では本能的－エロス的関係だけが問題ではない。水の精は夫には裕福をもたらし、息子たちには、自分の自然との結びつきのおかげであるところの薬草の知識を伝える。

リースはそのほか、水の精の出で、そのことを誇りとする人間が出てくる数多くの似た民話を挙げている。そのタブーは必ずしも一定しない。多くの場合、夫は妖精の妻を鉄でさわってはならないとか(33)、彼は彼女に三度以上不親切な言葉を吐いてはならない、といったようなことである。出された条件が破られるのはきまって不注意や運命のいたずらからであって、けっして意図的にではない。

こういったとりきめ自身は非合理的であろうとも、それがまもられないときには結果は自然法則の首尾一貫性と変化不能性をもってやってくる。こうした半分だけの人間の存在こそまさに自然そのものであり、人間に与えられている選択の自由を、つまり自然法則にしたがわぬふるまいもできるという自由をもたない。たとえば、人間なら単なる自然的な態度を超え出て自分を高めるところの、判断力や感情により規定される、ということもありうるのだが。

ここにあげた物語の中には水の精が運命的打撃を加える三つの場合があるが、ここから教えられるところは多い。

第一番目のきっかけとなったのは洗礼であり、彼女はそれに参加するために何の喜びももたなかった。それは異教徒の彼女に、キリスト教の祝祭が気にいらなかったことを物語っている。当時の解釈にしたがえば、妖精はキリスト教的なもののすべてをおそれている。つまり、妖精たちはキリスト教の宣教師の説教によって放逐され、土の中（いわゆる妖精の丘）へとひきさがったのだといわれていた。

二番目に、彼女は悦ばしい席でわっと泣き出し、三番目には悲しい気分を法外な高笑いでぶちこわす。つまり彼女はふさわしくない振舞いをする。こうした表現は、たとえ彼女自身にはもっともらしく思えるにしても、その場にそぐわない。ということは、ここでなにか未分化なものが表われたことを示している。よく知られているように、無意識のままにとどまるかまたは抑圧されてきた人格要因は、それが外に向かってあらわれる場合、不適当な、原始的未分化な形式に固定することはよく知られている。似たような現象はつねにみられるし、それ自体が体験されることもある。水の中つまり無意識の中に住むものとしての水の精は、女性的なものを半ば人間でわずかしか意識化できないという状態で、描き出している。妖精は、男性と結婚するかぎりでは、その男性の無意識的、自然的アニマをあらわしていると考えてよい。ただしこの妖精は未分化な感情を伴っている。なぜなら妖精が問題をおこすのは感情の領域においてであるから。そのさい個人的な感情でなく集合《コレクティーフ》無意識的な感情が問題であることはむろん認められねばならない。妖精はこの集合的感情にふさわしくない振舞いをする。無意識的人格部分（アニマ、アニムス、影《シャドウ》）や劣った機能が世界にたえず衝突をひきおこし、その結果それらが障害を与える者としてたえず抑圧されるということは、よく知られた事実である。水の精が彼女の要素《エレメント》へと消滅していくことはまさにその過程をあらわしている。そこでは無意識の内容が表面に出てきはするが、まだあまり意識的自我と協働してはいないので、ほんのちょっとのきっかけで再び沈んでいく。それをひき起こすのにはほんのわずかなきっかけでよいということは、こうした内容がいかにとらえがたく傷つきやすいかを示している。

妖精存在はもし彼女たちが侮られたり心に傷つけられたりすると復讐するというのも、これと同じ連関に属している。彼女たちはきわめて感じ易く、またどんな人間的理性によってもやわらげられぬ恨みをもち、くりかえし復讐する。こうした特性はアニマ、アニムス、また時には未分化な諸機能にもあてはまることである。いつもは非常にたくましい男性にしばしばみうけられる過度の敏感さは、まさしくアニマが一役買っているしるしとみなすことができる。妖精のような要素的霊的存在のえたいの知れなさ、狡猾さ、しばしばきわだった悪意、それらは妖精の惑わすような美しさの逆側を成すのだが、同じことはアニマにもみいだされる。これらの被造物はまさに非合理である。善であり、悪であり、助けるものであり、傷を負わすものであり、癒すものであり、かつ壊すものである。ちょうどこれらがその一部であるところの自然そのものと同様に(34)。

しかしここでいっておきたいのは、男性の中の無意識的女性性としてのアニマだけが右に述べた特性を示すのではない、ということである。同じ特徴はまた多くの現実の女性たちにもみとめられる。むろん女性は彼女の生物学的課題のために一般に男性よりずっと自然的存在に留まっており、したがってそれにふさわしい態度を多少ともはっきりと示すことが多い。そしてこのような女性の上にアニマ像は投影されやすい。なぜなら、彼女らは男性の無意識的女性性にまさにぴったりと対応するからである。

それ故、女性の夢、空想、心像の中にはとくに好んで水の精のようなものがあらわれる。これらはふつう当の女性の未発達でまだ自然的な女性性、あるいはその劣った機能をあらわすのだが、しかしまた、より高い人格や自己《ゼルプスト》の初期の形式であることもしばしばある。

さきに述べた民話の中にもっと別の特徴をみることもできる。水の精が髪をとかすとき――ローレライのように――湖に自分を映すという特徴である。髪をとかすのはエロティックな誘惑の手段として認められぬこともない。この手段は今日でも使われる。鏡はこうした行為の一部に属しており、両者が一体となってアニマ形姿の属性をなしている。これは文学や彫刻の中でしばしば使われる(35)。

しかしアニマ形姿の属性としての鏡はもう一つ別の意味ももっている。彼女が男性にとっていわば鏡だ、という意味である。つまり鏡が男性の考え、願望、情動を映し出すのである。そのことはすでにワルキュリヤとの関連で述べておいた。それゆえにこそアニマは男性にとって、内的形姿としてにしろ外的現実的女性としてにしろ、とても重要となる。こうして彼は彼自身まだ意識せぬ事柄を認識することができる。といっても、アニマのこうした機能が男性をより大きな意識性と自己認識へと導く代りに、単に男性の自負をくすぐるところの自惚れ鏡になったり、まったくセンチメンタルな自己憐憫に導くこともむろんしばしばありうる。どちらの場合にもアニマの力は高められ、そのため危険でないわけではない。ともあれ男性の鏡であることは女性のもちまえの一つであり、それに際して、彼女が自分をアニマ投影の対象たるにふさわしく仕立てる巧妙さにはおどろくべきものがある。

メルファイの系列に属するもののなかに麗しのメルジーヌ(36)もいる。彼女をめぐる民話はよく知られているが、二、三の重要点を含んでいるのでここで手短にのべておきたい。内容は次のようである(37)。ポアティール伯爵の養子レイモンドは伯爵を狩りの最中に、誤って殺してしまった。彼は逃げようとする。道の途中森の茂みのところへ来たとき、泉のほとりに坐っている三人の美しい女性をみる。その中の一人がメルジーヌである。彼は自分の悩みを訴え、彼女はそれについてよい助言を与える。彼は恋の炎をもやし、そして彼女は、彼が土曜日には部屋にこもること、その時だれも立聞きしないこと、という条件のもとに彼の妻になることを承諾する。レイモンドは同意し、二人は長い間幸せに暮す。メルジーヌは多くの息子を生むが、息子たちにはみなどこか普通でないところがある。彼女は立派な城を築かせ、それを《ルジニア》と名づけた。それが後にルジナンとなる。メルジーヌをとりまく噂を心配して、彼女の夫はある日立聞きをしてしまう。彼は入浴中の彼女をみつけ、彼女が魚か蛇の尻尾をもっているのにおどろく。さしあたってこの発見はなんの結果も生まぬようにみえる。が、数時間後にメルジーヌの息子の一人がメルジーヌの建てた僧院の一つに火をつけ、僧侶であった兄弟の一人を死なせたという知らせがくる。彼女が夫を慰めようとした時、彼は思わず知らず彼女をこういう言葉でつき放した。《行ってしまえ、いとわしい蛇め、私の気高い一門をけがす奴！》。彼女は気を失って床に倒れた。再び我に帰った後、彼女は子供たちを夫の保護にゆだね、涙ながらに夫とわかれを告げると、窓から外へと浮び上り消え去った。後になって彼女は時折、まだ小さい子供たちをみるために夜の間にあらわれた。そして民話は今もメルジーヌがその祖妣とされるルジナン家のだれかが死ぬと、嘆きながら城の近くをさまようのだ、と伝える。

ここでメルジーヌによって出された条件は、彼女が週に一日だけ彼女の本性にかえり、水の精の形姿をとるということにある。これは彼女の秘密であり、盗み聞きされてはならない。非人間的なもの、自然的なもの、つまり、この場合の魚の尾はみられてはならない。週に一度の入浴が自然の状態への帰還と結びついて生命の更新になるという考えは、決して思いもよらぬことではない。むろん水はすぐれた生命要素である。それは生命の維持にとって欠くことのできないものであり、生命の再生産と更新を生み出す薬湯や薬泉は昔から神聖とみなされ、しばしば宗教的崇敬をうけてきた。キリスト紀元四四二年に催されたアヴィニョンの宗務会の訓令によって、木、石、泉の崇拝およびそのそばで火や光をともすことは、異教的行為として禁止された(38)。その代りカトリック教国では今日もなお多くの場所で、花飾りをもつマドンナ像と泉のそばのろうそくが、なお生きている原始感情のキリスト教的表現として、しつらえられている。マリアの別名はペジェ＝泉である。水の神聖な性質は、超自然的な力をもつ《生命の水》という太古の観念や錬金術のいう《永遠の水》の中にも、あらわれている。泉の中や泉のそばに住むニンフや女神は水のような生命要素と特別な近親関係をもっている。そして生命の根源が解きがたい謎であるように、水の精にもずっと隠されつづけねばならぬなにか秘密にみちたものが賦与されている。こうした存在はいわば泉の番人であり、今日もなお、ある鉱泉は守護の女性をもっている。たとえばバーデンは聖ベレナをもっているが、彼女は異教的なニンフの代りであり、ヴィーナスと近親である。

同じようなはたらきがアニマにある。実際アニマという名称にはそれがもつ生々とした本性がよくあらわされている。だからアニマは夢や空想の中でしばしばこのような妖精存在の形であらわれる。たとえば、とても合理的な態度をとっているために無味乾燥に陥る危険のある若い男が、次のような夢をみることがある。

《私はおいしげった森を通りぬける。その時黒いヴェールに包まれた一人の女性が私の方へとやってくる。彼女は私の手をとって、生命の泉へつれていってあげましょう、という》。

イギリスの著述家ウィリアム・シャープ（William Sharp）(39)（一八五五―一九〇五）は、かつてあるすずかけの木にかこまれた小さな湖のほとりで一人の美しい、白い、森の女をみたという幼年時代の体験を報告している。彼はその女性を子供時代には星の目と名づけ、後には《湖の女》と名づけた。そして彼はこういう。《私はそれをすべての女性の心の中にいる女性として認めた》と。だから明らかに彼女は女性性の原像であり、アニマ形象である。

アニマは無意識の中にある生命の泉との結びつきをあらわしている。もしこのような結びつきがないか、あるいはうち破られると、停滞や凝固の状態が起る。それはしばしば障害として感じとられるので、その人は精神療法家を訪れようと思い立つだろう。ゴットフリート・ケラー（Gottfried Keller）はこの状態を非常に印象的に彼の詩の中で描写している。

冬の夜

世界中に鳥の羽ばたきひとつなく
静かにまぶしいほど白く雪が蔽った。

ひとかけらの雲も星空になく
固い湖には打つ波もなかった。

深みから海の木が立ち昇り
そのいただきまで氷りつめた。
その枝に水の精がよじ上り
緑の樹氷ごしに上をみあげた。

薄いガラスの上に私は立った。
ガラスは足もとの暗黒の深みを
私からわけていた。
私は足もとをこまかくしらべ
彼女の白い美しさをつぶさにみた。

彼女は息のとまるほど嘆きながら

硬い天井のあちらこちらをさわる。
その暗い顔を私はけっして忘れない。
いつまでも私の心の中にある！

氷の中にとらわれた水の精は、先に例としてあげたガラスの山の王女に対応する。ガラスと氷は同じように冷たく硬くじっと動かぬ甲冑をつくる。生きとし生けるものは閉じこめられる。そしてそこから解放されねばならない。

ここでこの民謡のべつの重要な面が述べられねばならない。メルジーヌの息子が彼女の築いた僧院を焼くとき、そこには妖精の素姓とキリスト教との間のすでに述べられた敵対関係があらわにされる。他方妖精的存在は、多くの物語によると、救済されたいという願望をもつように思われる。

ニンフ、ジルフィールド（空気の精）、ピグミー、サラマンダーのような要素的霊魂について論文を書いたパラケルスス(40)は、これらは、なるほど人間に似ているが、アダムから由来したものではなく、心をもたないという。水の者たちは人間に最も似ていて、たいてい人間と関係をもつ努力をする。彼らは《ただ肉眼でみられるというだけではなく、結婚もし子供も生む》。そしてさらに、《ニンフについていわれているように、彼女らは水の中からわれわれのところへやってき、小川のほとりに坐り、ついでそこに彼女らの住まいをもち、そこでみつかり、とらえられ、結婚する》(41)。一人の男性と結ばれることによって彼女らは魂を獲得し、またこうした結合から生まれた子供らも魂をもつことになる。《そうして彼女らは人間の愛を求め、人間に尽くし、うち解ける。同時に人間は異教徒として洗礼を乞い願い、それにより自分の魂を獲得して、キリストにおいて生きることになる》。

パラケルススのこのような論述から、後になってフケ(F. De. La Motte Fouqué)(42)は《ウンディーン》のための材料をぬき出した。これが生まれたのは十九世紀のはじめ、ちょうど自然には魂があるという考えが再び活気づき、同時に無意識のことがはじめて語られだしたロマンティクの時代である(43)。

この物語の中では水の精には魂がないことが中心的モチーフになっている。

ウンディーンは地中海を支配する海の王の娘である。魂を手に入れたいと願う彼女は不思議な仕方で一人の漁師の夫のところへみちびかれる。すなわち漁師は自分の子が溺れ死んだと思いこみ、自分の子供の代りに捨て子を拾う。ウンディーンは愛らしい乙女に成長するが、彼女の養い親は彼女の奇妙に子供っぽくいつもいたずらっぽい性格をいぶかしく思う。

ある嵐の夜、通りかかった一人の騎士が漁師小屋に一夜の宿を求める。いつもはものおじするウンディーンが彼には強い信頼の気持を抱き、騎士は彼女の愛の魅力と子供らしさに心をうばわれ、しかもその上、嵐はとおりすがりに一人の教父を運び込んだので二人はこの人を介し結婚する。しかしウンディーンが夫に、自分は魂をもたないと告白した時、夫は無気味に思い、この上ない愛にもかかわらず自分は妖精のようなものと結婚してしまったのではないか、という考えに苦しむ。彼女は自分を追い出さないでほしい、なぜなら自分のようなものは人間との愛のきずなによってのみ魂を獲得できるのだから、と哀願する。そして彼女は次のような条件だけをのぞむ。彼が決して自分に悪意ある言葉を口にしない、それもとくに水の上やその近くではしないでほしい。そうでないと彼女の幸せを守っている水の要素《エレメント》の住人たちによってつれ戻されてしまうからだ、という。

そこで騎士は彼女をつれて自分の城へ帰り、運命が彼の妻になりたいと願っていたベルタルダ嬢の姿でやってくるまで、そこですごす。ウンディーンはベルタルダを手厚くもてなすのだが、夫にはそうしたウンディーンがますます無気味になってくる。とうとうある日ドナウへ行った時、彼はこの感情をあらわにし、ウンディーンが水に落ちたベルタルダの首飾りの代りにサンゴのくさりをとり出した時、彼女を魔女で手品師だとののしる。この侮辱の後にあふれ出る涙とともに彼女は小舟のふちから身をおどらせる。そして夫にむかって、私への誠をもちつづけて下さい、さもないと水の精が復讐します、と忠告しつつ波間に消える。

この警告にさからって数日の後にベルタルダと騎士の結婚式が行われる。婚礼の日花嫁は彼女の化粧水を、水の精の入り口をふさぐためにウンディーンが封印させたあの泉からとってくるよう命じる。石がとりのけられた時、ウンディーンの白いヴェールをかぶった姿が泉から立ち上がり、彼女は泣きながら城に近づくと、彼女の夫の窓をほとほととたたく。彼は鏡の中に、彼女が自分の方へやってきて《あなたは泉を開きました。だから私はこうやってきました。あなたは死ぬのです》といいながら、彼の寝床に近づくのをみる。彼女はヴェールを脱いで彼をだきしめ、この接吻で彼は死ぬ。同じ素材を最近ジロドー(J. Giraudoux)は彼のドラマ《オンディーヌ》の中であつかったが、それをみてもこのドラマはまだ古びていないことがわかる。

この物語の中にカタストローフをもちこむのは自然的–アニマと人間的女性の葛藤である。それはすでにジーグフリートの中でブリュンヒルデ、ワルキュリヤ、クリームヒルデの間のたたかいとして重要な役割を演じたし、またしばしば私たちの生活の中でも大きな困難のもとになるところである。根本的にはそこに外的内的という二つの世界の対立、あるいは意識無意識の対立が表現されており、その橋渡しこそ私たちの時代の特別に重要な課題と思われる。

このようなアニマ–体験のもう一つのタイプをイギリスの民話圏に属する『ランヴァルの唄』(44)

が描き出している。

この名の騎士はアーサー王の領国に属するが、そこでは財産をえられず贅沢もできないので、無視されていると感じる。ある日彼は泉のほとりで一人の美しい乙女に出会う。彼女は彼をさらにいっそう美しい女主人のところへつれていく。女主人は彼を手厚くもてなし、けっして他人に漏らさぬという条件つきで、彼女の愛を彼に贈る。さらに彼女は彼に願いをかなえる能力を与える。そのおかげで彼が彼女に会いたいと思うや否や彼女が彼のそばにあらわれる。また彼はなにを願ってもかなえられるので、十分に生活の資を得ることができ、次第に風采がよくなる。王妃さえ彼に目をとめ、愛を訴える。彼がこれをしりぞけた時、彼女は病気になり、彼を窮地においこむ。そこで彼はついに、彼女よりもっと美しい恋人をもっていると告白する。王妃は怒り、王は裁判を招集し、その法廷でランヴァルに王妃を侮辱したかどで身の証をたてることを要求する。このため彼は自分の女友達が本当に自分のいう通り美しいことを証明せねばならなくなる。こうして彼は苦境におちいる。彼女をよび求めることはもうできない。彼は彼女との愛の秘密を漏らしたからである。すべての希望が失われたとみえた時、四人の魅力的な少女に伴われて白い衣装と紫のマントを着た彼の恋人が、立派な飾りのついた白い馬に乗ってやってくる。人間の姿をした麗人である。ランヴァルはこうして身の証をたてた。だれも彼がいいすぎたのではなかったことを承認せずにはいられなかったからである。唄は妖精が彼女の恋人を馬に乗せて妖精の国へとつれていくところで終る(45)。妖精の国へ立ちもどることとは心理学的にも非常に意味ぶかいモチーフである。ケルト人の伝説では、こうした国には人をこわがらせるような、不安をたかめるような特徴がない。それは死の国ではなく《生けるものの国》、あるいは《波の下の国》といわれ、また《緑の島》と考えられ、そこには美しい女性たちが住み、《乙女の島》ともよばれる(46)。その島の住民たちは永遠の若さと美しさの中に、音楽やダンスや愛の喜びにみちた苦のない現在をたのしんでいる。そこは妖精の故郷であり、有名な妖精モルガン（ファタ・モルガナ）の国でもある。モルガンという名は《海から生まれしもの》というほどの意味であり、そこへ彼女らは人間の恋人をつれていく。ヘスペリドの園にくらべられるこの極楽は心理学的には夢の島とされ、そこに滞在することは誘惑的で快適だが、危険がないわけではない。この国ではアニマが支配しており、そこへいくことは危険だと知られている。彼方の世界への、すなわち無意識への沈潜の危険は当時すでに感じられていたように思われる。なぜなら、数多い詩文の中には、騎士が愛のきずなにしばられて彼の男性的–騎士的行為を忘れ(47)、貴婦人との自己満足的陶酔にひたるうち、世界と現実から疎外されるさまが描き出されているからである。

こういう種類のとくに思いきった例をメルリンという魔法使いの民話が示している。メルリンの愛人、妖精ヴィヴィアンは、メルリンに立ち聞きされたという理由で魔法の術によって目にみえぬひもで彼をつなぎとめ、さんざしの茂みに呪縛し、彼がもはやそこから自由になれないようにする。

この物語がとくに意味ぶかいのは、メルリンの姿が彼をとりまく男性世界に欠けている意識と思考をまさしく具現しているからである。彼は悪魔的メフィスト的本性をもち、それ自体原初的知性の代表者である。彼に魔法の力があるのはそのためである。が、その際女性的なものが顧慮されぬままなので、女性性が彼をエロスの形態へとひき戻し、ロゴス原理と一体化していたその存在を自然へと拘留してしまう。

もうすこし後の時代に属するものにリヒャルト・ワグナーによって再びとり上げられたタンホイザーがある。これはおそらく十五世紀に生れ十六世紀にスイス、ドイツおよびオランダの民謡として非常に広まったものと思われる(48)。

さて私は是が非でも
ダンホイザーのことを唄いはじめよう。
また彼が自分の妻ヴィーナスとなした
不思議なことを(49)。

ダンホイザーはよき騎士だった。
彼が不思議なものをみようとした時
彼はヴィーナス山に
べつの美しい婦人をみようとした。

唄の詩句は大方このようにしてはじまっている。最も古くから語られているスイスの文体の中ではこういっている。

ダンホイザーは不思議な少年だった。
おそろしいものをみに彼は行った。
彼はヴェレナ山に上り(50)
そこで三人の美しい乙女をみた。

彼女らは金と絹の衣をきて

美しい姿に装っている。
手と頸には金飾り
その他のところはまむしや蛇！

それ故ヴィーナス山のこの住人は、メルジーヌの親戚とされている。

民話の内容は周知と考えてよいと思うが、記憶によび起していただきたいことは、長くヴィーナス山にとどまった後にタンホイザーは良心の呵責に苦しめられてローマ法皇のもとへ行き、免罪をねがおうとすることである。しかし解決は、枯れた木が示されることにより拒絶される。その木のように緑がなくなれば彼の罪は軽くなろうという意味である。彼はそこで再びヴィーナス山に立ち戻りそこにとどまる。法皇が彼に使者を送り、不思議なことが起って木は再び緑になったと知らせてきても、彼はそこで留まったままでいた。唄の終りはいろいろなふうにうたわれている。

その時彼は再び山にいた。
そして愛を選びとった。
ウルバン四世教皇はとこしえに

彼を失うことになった。

ヴィーナス山というういい方からわかるように、それは喜びと愛の場所である(51)。そこではヴィーナスは王笏《しゃく》をもっている。それは既述の乙女の島や妖精の丘に正確に対応している。またそれと結びついた民話は互いに大へんよく似ている。それらは、いつもこうした場所へおびきよせられ、そこで心をまどわす女性につかまった一人の男性の物語である。彼は帰りの道がすっかりわからなくなったり、あるいはやっとのことで道をみつけたりする。

古代の例はカリプソである。彼女はオデュッセウスを自分の島につなぎとめるが、神々の命令によってとうとう彼を解き放す。魔女キルケもこれに属するが、この女はもっと魔女的性格をもち、自分の犠牲者つまりオデュッセウスの従者たちを豚に変える。

タンホイザーの民話の中では、メルジーヌの物語ですでに暗示されているキリスト教と異教との対立が明るみに出ている。ルネッサンスの時代に名のりをあげた異教は、しかし、北欧民族のそれではなくギリシャ・ローマ的なものであった。私たちのテーマにふさわしいルネッサンス時代の例はフランシスコ・コロンナ（Francesco Colonna）の有名な《イプネロトマキア》、ドイツ語では《ポリフィロの愛の夢》(52)である。そこでは一人の僧の夢の中に彼の恋人である妖精ポリアがあらわれ、彼に一連の象徴的な意味をもつギリシャ的古典的な心像や情景を見せたり体験させたりしつつ、ついに彼をキテラへと連れていくさまが述べられている。そこでヴィーナスが二人に恵みを与えるのである。

ここでもうひとつ述べねばならぬ重要な作品がある。それは十五世紀の二つの手稿の中におさめられ一五二一年に出版されたアントワーヌ・ドゥ・ラ・サール (Antoine de la Sale) の『レーヌ・シビュレーの楽園』である。イタリアの伝説によれば、この《楽園》はアペンニンに属する山デラ・シビラの上にある(53)。この学者は彼のたずねた場所とそれに結びついた伝説について報告している。この山の上にある穴は王女シビュレーの宮殿に入る入口と考えられ、その範囲はヴィーナス山全域にわたるとされた。この伝説はタンホイザーのそれと同様であるが、ここでは後悔した騎士に罪の宥しが約束されるという違いがある。しかし彼の従者は、法皇が真面目に考えず彼らを拘禁しようとしていると彼に思わせる。そして法皇からのがれるために二人はシビュレーの楽園へとひきかえす。

王妃と乙女たちがときどき金曜日の真夜中から二十四時間小部屋にひきこもり蛇の姿になるというのは、われわれがメルジーヌ民話からすでに知っている特徴である。残念ながら私にはこの書物についてもっとくわしく立入るための紙面が残されていない。以前に述べられたことと照らし合わせて興味あることには、ヴィーナス山のこの伝説がシビュレーの伝説と一致することである。デソネイ(Desoney)によればクーマイのシビュレーが考えられる。彼女は、アイネーイスに下界への入り口を開く黄金の枝のみつかる場所を示すことで、下界への道を教えるのである(54)。そこはアウェルヌス湖のほとりにある洞穴の中と考えられている。今もなおこの近くにはシビュレーの洞窟があるとされる。明らかにこの伝説はデ・ラ・シビラ山上で、同時に湖の近くにある女王シビュレーの楽園への入口とされる洞穴の伝説を煮つめたものである(55)。さらにもう少しつけ足しがある。

デソネイ(56)は、この洞窟はおそらくかつて神母キュベレーに献じられたものであろうと推測している。キュベレー崇拝はキリスト紀元前二〇四年にシビュレーの予言書の箴言《しんげん》に促されて、ローマに持ち込まれて北イタリアとガリア地方まで拡がった(57)。命を与えるもの、豊饒の女神として、キュベレーは洪水を支配し、山の母、けものたちの女主人として、野生の自然を愛し支配する。彼女は予言の才能を授けるが、また狂気をも惹き起す。狂宴的なキュベレー崇拝はディオニソス崇拝と同類である(58)。彼女は美少年アッティスの母として、また愛人として知られるが、ここでこれ以上この神話に立入ることはゆきすぎだろう。ただ私はここで、この女神崇拝には彼女に仕える神官(コリュバースたち)の去勢ということがあったことを思い出しておきたい。私たちがみてきたように、妖精の国(59)につなぎとめられた人々が体験するのは、去勢と同等のものである。彼らはその男性性を放棄し女性的で柔弱になる。しかし大きなちがいは、彼らは誘惑に負けて女性の魔力の手に落ちたのだが、キュベレーの神官の場合には女神に捧げられた犠牲だという点にある。デソネイの上述の仮説が考古学的発見の上に基礎づけられていないにしても、女神キュベレーの性格はおそらく《レーヌ・シビル》のそれと比較できよう。

シビュレーの楽園では、白鳥の乙女―、水の精―、および妖精―民話に示されたほとんどすべての様相が一つになっている。諸表象のこうしたコンプレックスが原始時代から、そしてまた普遍的に、つねに同じ組み合わせで拡がり、くり返され、いきいきと保たれてきたことは、その根底の元型的所与が問題であることをはっきりと物語っている。

太母、女予言者、愛の女神は原始女性性の様相であり、それ故アニマ元型の様相でもある。《自然の女神》という文章の中でケレニイ (K. Kerényi)[60] は、最終的にキュベレーとアフロディテは同一であり、二人とも自然の女神と同等におかれるべきだ、と述べている。この大いなる神的形姿こそ、既述のすべての要素的存在やそれらと結びついた民話の中に姿を映すものであり、アニマもまたその面影をになっているのである。

しかし白鳥の乙女と水の精だけが、女性的自然存在をあらわす形式ではない。メルジーヌは彼女の夫から《蛇》とののしられた。実際蛇もまた原始女性性の化身でありえよう。メルジーヌはもっと原始的ではるかに地上的な女性性を、たとえば魚や鳥としてあらわした。同時に彼女の賢さ、賢明さがそこにあらわされる。咬まれると蛇には毒があり巻きつけば窒息させられるから危険だということは、危険だが魅惑的作用もまた蛇から発するということとともに、古くから知られた事実である(61)。

蛇は多くの神話や童話の中に登場するが、必ずしもはっきりした女性の役割をとらない。蛇はしばしば現代人の夢や空想の中にもあらわれるが、男性においても女性においても同様に、人間未然の未分化なリビドーの心像であり、意識された、あるいは意識可能な心的構成成分ではない(62)。

むろん蛇がはっきりとしたアニマ性格をもつ例もある。ユングは彼の《コレー形姿の心理学的様相のために》(63)という論文の中で一人の若い男の夢を述べている。そこでは一匹の女性の蛇が《やさしく助けるように》ふるまい、人間の言葉で彼に話しかける。

またもう一人の男は庭で時折環紋のある毒蛇をみかけるが、この蛇はまるでこの男と関わりをもちたいと思っているかのように、奇妙に人間的な目つきで彼をみるのである。

蛇または《金緑色の三匹の小蛇》としてホフマン(E. T. A. Hoffmanns)の『黄金の壺』の中にもこの自然存在はあらわれる(64)。物語の主人公を《えもいえぬあこがれ》で眺めるこの小蛇から正真正銘のアニマ形姿が生まれるが、それは黄金の壺の中にいる。つまり海に沈んだものとして無意識をあらわすところの《不思議な国アトランティス》をその中に映し出す容器の中にある。セルペンチナは主人公アンセルムスにこのようなイメージをみせることで、典型的なアニマ機能を果たす。その上セルペンチナはアンセルムスを助けてエメラルド色の紙に書かれた謎の文書を解読させる。その紙片が自然という書物の一頁であることが容易にわかる。

アニマの危険性は、夢や空想の中にしばしば猛獣として顔を出すとき強調される。或る男が、たとえば、次のような夢を見る。檻をはなれた一匹の雌ライオンが彼の方に近づき、媚びるかのように彼のまわりをぐるぐる回る。ライオンは一人の女に変身し、おそろしげになり、彼を呑みこもうとする。虎もパンサーもレオパルドも、総じて猛獣はこの種の夢の中にしばしば顔を出す。中国では雌狐が大きな役割を演じている。彼女は好んで美しい少女になってあらわれるが、尻尾でそれとわかる。彼女はしばしばなにか霊的なものをもち、死霊の化身とみなされる。女性にも類似の夢がみいだされる。このような場合には動物が牝であるかぎり、それは夢見る女性の影《シャッテン》か原始的女性性をあらわす。

自然–アニマのもつ蛇的でかつ猛獣的な性格を印象的に示す現代文学の形姿は、ブノワ(P. Benoit)の小説『アトランティード』(65)の中のアンティネアだろう。彼女は彼女の領地にやってくるすべての男性をヴィーナスの美しさ、蛇の賢さ、猛獣の残酷さによって魅惑し、抗しがたい魔力をおよぼす。すべてのものが彼女への愛のために破滅し、ミイラとなった彼らの屍体は立像として、この特別な目的のためにしつらえられた霊廟を飾る。アンティネアは、沈んだアトランティスからやってきたといい、ネプチューンの後裔だと主張する。だから、妖精モルガナやアフロディテのように海から生れたものでもある。彼女はとりわけ破壊的なアニマ形姿であり、彼女のとりこになったものは、その男性性質を失い、ついには死にいたる。

今述べた例からもわかるように、アニマにとらえられるときまって同じ運命が待っている。それはある意味でキュベレーの神官の去勢とくらべられる。

心理学的に意味があるのは、アンティネアが彼女の非情なはたらきを、何世紀もの間女性を利用し悪用してきた男性への復讐として、説明していることである。彼女が元型的-女性性の否定面を体現するかぎり、それは女性原理に加えられた価値低落に対する女性原理の復讐かもしれない。

多くの民話の中にあらわれるのであるが、もし自然存在が一人の人間と結ばれ彼から愛され、それにより魂を獲得しようとするのは、無意識的で未発達な人格要因が意識に編入され、それによって魂を得ようと努めることに他ならない。似たような仕方でこの努力は夢にもあらわれる。たとえばユングは次のような例を述べている(66)。一人の若い男は白い鳥が部屋の窓からとんで入った夢をみる。白い鳥は七歳ぐらいの少女になり彼の方へとやってきて、机の上に坐り、それから再び鳥に変り、人間の声で話す。ここでは夢みる人の家の中に女性存在が受けいれられる様子が描かれているが、それはまだ子供であり、未発達である。このことはもう一度鳥になるということからわかる。これはアニマ形象の最初の現象の一種で、まだ意識の入口にあり、まだ半分しか人間でない。

もちろん無意識は、始原状態のままを保持したり、すべての意識されたものをもう一度呑みこみ解体したりする傾向(67)をもつだけではなく、他の方向への活動性をもはっきりもっている。つまり、ある無意識的内容は自分が意識化されることを急《せ》きたて、もし顧みられぬ時には妖精のように復讐する。この意識化されようとする促しは一見元型から発するようにみえる。いわばそれを志向する本能が存するかのようにみえる。だが、どこからこの衝動が発するのか、それを解放する動的基盤の本質が何かを私たちはまだ知らない。それは精神と生命のうかがい知れぬ秘密に属する。

ここであつかわれた素材の中では、まだ自然に固執しやっと半人間的になったばかりの存在が人間つまり意識に近づき、人間に受けいれてもらいたいという形で、意識化への傾向を表現する。しかしその際これまで言及されなかった一つの要因が、考慮されねばならないだろう。つまり多くの場合自然存在は一人の（多かれ少なかれ隠れた）父をもつという事情である。ワルキュリヤはオーディンの娘であり、オーディンは風の神と霊の神である。ガラスの山から救い出されねばならない白鳥の乙女と狩人の童話の中では、彼女の父も同じ場所におり彼女とともに救われる。ワリジスの水の精は彼女の父から夫へとゆだねられる。ちょうどウンディーンが彼女の父である海の王から人間へと贈られ、それにより彼女が心を獲得するのと同じである。

　現代人の夢や積極的な想像の中にも、アニマの形姿がしばしば父の形姿とともにあらわれる。無意識的精神の中の自然的‐女性性の背後には男性的‐精神的要因がある。既述の自然存在が隠れたものについてもっている知識はたぶんこの男性要因のおかげであろう。ユングはこの形姿を《老賢者》とか《意味の元型》とよび、これに対しアニマを《生命の元型》とよんでいる(68)。

　こうした意識化を可能ならしめるのは、無意識内に存在する意味賦与的な要因である。こうした要因はある点で《自然の光》という観念とくらべられてよかろう。これをパラケルススは目にみえない光で《夢により学び知られる》といっている。《自然の光は語りえないのでそれは眠りにおいて言葉（の神）の力から生ずる(69)》。

　もし私たちが上述のところをもう一度通覧するなら、そこで述べられた種々の自然存在は互いに似た諸特性を、そして全体としてきわめて一致した態度を示すことがわかるだろう。こうした特徴はアニマの性格や働きとよく似ている。どちらもエロス原理を代表している。自然存在はかくれた知識を伝え、アニマは無意識の内容についての知を伝える。どちらも人を魅惑する作用をもち、しばしば圧倒的な力をもつ。その圧倒的な力は破滅的にはたらくこともある。とりわけ、人間と自然存在の間の、あるいは意識的自我とアニマとの間の関係を結ぶ一定の条件がみたされぬ場合、そうなる。これが原因になって多くの民話に不満足な結末が、つまり関係がうちやぶられたり不可能になったりするということがおこる。そこにこうした自然存在との関係の扱いにくさがある。それはアニマとの関係についてもいえる。経験が教えるように、アニマもまた男性に一定の要求を出す。アニマとは、顧慮されることを願い、なおざりにされることをゆるさぬ精神的要因である。ところが男性はひとりでに彼の男性性と自分とを同一視し、一般的にいってアニマをなおざりにする傾向がある。

しかし男にとっての問題は、この男性性を女主人公アニマのために断念したり、失ったりすることではなく、彼の本性に同様に属するところの女性性にも一定の場所を与えることである。それは、エロス原理、つまり関係の原理を承認し実現することである。そこには彼が彼の感情を知覚するだけでなく使用することも属している。なぜなら、関係の確立と、そしてとくにその維持のためには、価値判断が、つまりまさしく感情がなくてはならぬから。男性は自然から事物へと、たとえば仕事や知的領域へと関係づけられる方へ傾いていく。しかし女性は個人的な関係につながれる。これはアニマについても同じである。だからアニマは男性を個人的関係の中へ巻きこみやすい。もっとも、この女性的要素が彼の意識の中に場所をえている時のことである。そうでなくてアニマが自立自動的である間は、アニマは関係をそこなったり不可能にしたりする。

深層心理学の研究結果と経験は、無意識の内容と対決することが現代人にとり（もしくは現代人の多数にとり）不可欠であることを示した。その際男性にとってはアニマとの関係、女性にとってはアニムスとの関係がとくに重要である。なぜならそれらは同時に、一種の橋となって無意識との結合をつくり出すから。普通アニマはまず一人の現実の女性に投影される。このことが彼にアニマとの関係をもつきっかけを与えるが、もちろんそれは、そういうことがおこらなかったら不可能であったであろうような関係である。しかし次のような結果になる場合もある。彼があまりにもその女性のとりこになってしまい、先に述べたような運命的結末にいたることもある。

このような投影の起っているかぎり、内的アニマとの関係を、すなわち自分の内なる女性性との関係をみいだすことはむずかしい。しかし夢の中ではしばしば現実の人物と同一視できない女性形象があらわれる。ふつう《外国の女性》、《みしらぬ女》、あるいは《覆面の女》、あるいは、私たちの民話におけるように、本来は人間でないものとしてあらわれる。この種の夢はふつう印象ぶかく、かつ感情的色調にとんでいるので、それと結合すべき自分の内なる心的なものが問題なのだ、という考えを夢みる者におこさせる。

このような形姿やそれらをめぐる事情や結果は文学作品の中でしばしばあつかわれているが、ただ人間と自然的要素《エレメント》存在との間の関係が満足な結末に終る作品はまれである。この理由は、人間の側に必要な意識性が欠けているということに求められてよいだろう。無意識との関係をうち立てるためには自我が十分確立されていることが絶対必要であり、そうすれば自我は無意識との関係から圧倒されたりかき消されたりすることはありえず、無意識と関わりをもつ際の危険をまぬがれる(70)。無意識との関係を持続的に維持するためにもはっきり意識された自我が必要である。なぜなら無意識の形姿というものは、それが人間によって、つまり意識によって受けとめられたにしても、うつろいやすい性質をもち、それがかつてあったところへと再び消えてゆきやすいからである(《朝やけのようにすぎ去り易く風のようにつかまえにくいのはわたし》とウルバシはいう)。

この問題の解決は今日、精神療法家や心理学者が証明しているように、焦眉の問題である。いわゆる積極的想像という方法によってC・G・ユングはその道を示した(71)。無意識の形姿を自我人格と対置ならびに対決させることによって、無意識的形姿は一方では自我から区別され、他方では自我と関係をもつ。こうして無意識的形姿は両方の側にむかっての働きをもつようになる。

これに関するとてもみごとで的を射た例は、ムゾイス (Musäus) により新しく手を加えられた、本来はチェコの童話の『リブッサ』(72)にみられる。それをここで簡単に述べよう。一人の木の精の物語であるが、彼女は自分の槲《かしわ》の木が危険にさらされているのをみた時、クロクスという名の若者に守ってもらった。彼の尽力の褒美として一つの願いがゆるされた。名声と栄誉、富、愛の幸せ。しかし彼はそのどれをも選ばず、《槲の木陰で行軍の疲れをとるために休息すること》を望んだ。そしてまた妖精の口から《未来の秘密を解くために賢者の教えをきくこと》を望んだ。願いはききいれられた。毎晩たそがれどきに彼女は彼を訪れて池の蘆の茂った岸辺を散歩した。《彼女は自分の忠実な弟子に自然の秘密について教え、事柄の始原と本質について教えた。その自然的で魔術的な特性を彼に教え、粗野な戦士を思索家で哲学者につくり変えた。美しい影の人との交わりにより若者の感覚と感情が繊細になったと同程度に、妖精の繊細な形姿はいくぶん堅固さを増すようにみえた。彼女の胸は暖かさと生命を感じはじめ、彼女の褐色の目は火を感じはじめた。また彼女は年若い婦人の姿に加えて、花開く乙女の感情をもったように見受けられた》。

ここではアニマ形姿との関係により生じる作用と反作用が大変適切に述べられている。妖精はいくらか堅固なものを獲得し、より現実的で生命的となるが、他方男性の感情は、ある分化を経験し、彼はその上《思索家で賢者》にまで教育され、それにより名声を得るのである。この童話は自然な形でおわる(73)。妖精は彼女の主人との長い共同生活の後に、ある日自分の槲の木の避けがたい最後を予見し、彼のもとを立去る。槲の木は雷に打たれる。そうして妖精は、その人間性にもかかわらず、木の命と結合していたその命を永久に失った。

アニマとの注目に値する一回的な関係の形式を、既に述べたイギリスの著述家ウィリアム・シャープ (William Sharp) がみいだしている(74)。

商人であった彼の父は彼に法律学を学ばせようと思ったが、彼はそれには向かなかった。ロンドンの銀行での三年間の仕事も彼を満足させなかった。これから抜け出た後、彼は文学批評や芸術批評に従事し、詩も公刊した。こうして彼はロンドンの著述家や芸術家のサークルにつながりをもった。とくに彼はダンテ・ガブリエル・ロセッティ (Dante Gabriel Rossetti) と親交があった。何度も提供された大学での教職を彼は健康上の理由で断念せねばならなかった。私が抜粋しているこの伝記の著者である彼の妻は彼のいとこであった。彼は批判的-知的な精神的資質とならんで活発な空想や夢の生活をもっていた。彼はそれを《緑の生活》とよんでいた。なぜならそれは彼のこよなく愛する自然との密着した生活だったからである。海辺での毎年の滞在、とくにスコットランドでの滞在は、彼の本性のこの側面にうってつけだった。スコットランドの子守女がかつての少年をゲールの民話に親しませたので、彼にとりかの地は心のふるさとになった。そこに滞在する間に彼は『ファライス』という題名の《ケルトのロマンス》を書きはじめた。書いているうちに彼には《その中で女性的要素がいかに支配的か、また書物がその成立を彼の性質の主体的女性的側面にいかに負っていたかが明らかとなった》。それ故彼は頭の中で《とっくにでき上がっていた》フィオナ・マックレオド（Fiona McLeod）という女性名でそれを公にする決心をした。この偽名のもとに彼は何冊かの本を書いたが、その中ではスコットランドとその住民の独特な性質が印象ぶかい叙述で描かれている(75)。この作品は非常に高く評価された。とくにケルト的なものへの新しい関心をよび起したからである。イエィツ(W. B. Yeats)は次のように書いた。

《新しい声のなかで、フィオナ・マックレオドの物語の中にあらわれる秘密にみちた声ほどいちじるしいものはない。その声はこのような原始的な人間と要素（エレメント）的事物の声となっているのだが、それは単にそれらの観察によってでなく自然との一体化から生じたものである。その仕事は、啓示に基づき、目にみえずつかまえられぬ事柄に関わるところの偉大なたぐいのものである》。

彼がどうして一人の女性の名で書物をあらわすことになるのかを問うと、シャープは次のように答えた。

《私がウィリアム・シャープとしては決してなしえなかったところを心の底からいうことができるからです。……自然と一つであるというこうした心を酔わす感情、この宇宙的恍惚と高揚、日常世界の極限の境へのこの遍歴、こういったことすべてが生命のロマンティクと織りまざっているので、日常の外面的自己であらわすことはできなかったのです》。フィオナ・マックレオドがほかならぬ彼であることをシャープはかたく秘密にしていた。長い時間がたってはじめて彼の友人たちに知れた。ウィリアム・シャープとしての文通と共に、フィオナも彼女の読者たちとの文通をたのしんだ。妻に宛てた一通の手紙の中で彼は一度こう書いている。

《W・SとF・Mの二人の人物はますますはっきりしてきます。ある時は精神において一体化し一つの存在となり、ある時ははっきりと互いに別れるのです》。彼はこの手紙に《ウィルフィオン》(Wilfion ウィリアムとフィオナの圧縮)と署名する。彼は自分の誕生日には時によりフィオナと手紙を交換し、彼はその中で自分の感謝を彼女に述べ、また彼女は彼に忠告を与える。ここで私たちは内的アニマが異例の現実度を達成しているケースにぶつかる。おそらくこれはウィリアム・シャープの特別な素因に基づくのだろう。しかし原則的にはそれはアニマとの関係、アニマとの統合といわれるものに一致しており、おそらくだれにでもある程度は可能であろう。

アニマの統合は、つまり男性の意識的人格へ女性的要素をはめこむことは、個性化過程《インディヴィデュエーション》に属している。その際一つだけ特に顧慮されるべき要点がある。人格の構成成分として統合されねばならぬ女性的要素とは、アニマの一部分、すなわちアニマの個人的様相にすぎない。アニマは同時に女性性の元型をもあらわすのだが、こちらの方は超個人的性質のものであり、それ故統合されることはない。

私たちの考察が示したところでは、前述の要素的存在の背後にはキュベレー、アフロディテ、要するに自然女神の神的形態がある。アニマ形姿のもつ抗しがたい力はこのような元型的背景から説明される。そこにたちあらわれるのが自然そのものであるなら、人間が自然によって圧倒され自然のとりこになることは理解できる。このようなことはとくにアニマの元型的様相が個人的様相から区別されていない時に起る。二つの様相が混同されると個人的アニマが猛威をふるう。だから個人に属するものと超個人的なものとの間を区別することがとくに重要である。夢や空想の中ではこの分離は多くの場合超個人的アニマ形姿が死ぬことであらわされる。私の知っている空想の中には、この超人格的アニマが空へ上り、人格をもつ女性が後に残されるというのがある。すでに述べた《ポリフィロの愛の夢》の中ではニンフ・ポリアが《天上的で崇高な姿で》空中へと消え失せることで夢が終る(76)。

ユングは一人の男の夢について述べている。そこではアニマは教会の中で覆面をして、等身大を超える女性の姿として祭壇の場所に立っている。元型としてのアニマは超人間的性質をもち、プラトンのイデーのように天上的場所に住む。このアニマは、個人的-女性性から区別されねばならないが、しかし原像としてその背後にたち、自らの姿に似せてそれをつくる。元型としてのアニマは、太母、愛の女神、女主人等とどのように呼ばれようとも、いつも尊敬をもって出会われねばならない。他方、男性は彼の人格的アニマ、すなわち彼に属する女性性と取組まざるをえない。それは彼につきそい彼を補うが、彼を支配することはゆるされないアニマである。

私はこの書物でアニマを自然存在として描き出そうと試みた。そしてアニマのより高い現象形式、たとえばソフィアのような形式を考察の対象にしなかった。このようにアニマの自然的側面をとり出すことが私に大切に思われるのは、これがとりわけて女性性の本性に属するからである。

アニマを承認しアニマを統合することができれば、女性的なもの一般へのその人の態度には変化が生じることだろう。女性原理を新しく評価することは、科学と技術の時代に支配的な理知の立場が、自然の崇敬ではなく利用と搾取に走った後、再び自然に対してもそれにふさわしい崇敬が与えられるようになるための条件である。今日幸運にも、このような方向を示す徴候もみられる。最も重要で意味ぶかいのは聖母マリア昇天についての最新の教義と、マリアを創造の女主人公とする宣言であろう。私たちの時代は分離する力がおそろしく効力をもち、国民や個人や原子を分裂させる時代であるが、今日、結合と共同の力もまたはたらくべきことが、その倍も要求されているのである。生命は男性と女性の調和した共同の力に基づいており、そのことは個人の内部でも同じである。この対立に結合をもたらすことが今日の精神療法の最も重要な課題の一つである。

注（原注・訳注）

——〔　〕内の部分は訳注である——

アニムスの問題のために

（1） Frazer, A. R., *Taboo and the Perils of the Soul*; Crawley, A. E., *The Idea of the Soul*; Lévy-Bruhl, L., *Die geistige Welt der Primitiven* ならびに *Die Seele der Primitiven* をみよ。

（2） Paulus, Röm. 7, 19.

（3） Jung, C. G., *Psychologische Typen*, p. 689f. (Ges. Werke VI, p. 527) さらに、*Die Beziehungen zwischen dem Ich und dem Unbewußten*, p. 11ff. (Ges. Werke VII, p. 139ff.)　をも参照せよ。

（4） *Psychologische Typen*, p. 597f. (Ges. Werke VI, p. 453) ならびに *Die Beziehungen zwischen dem Ich und dem Unbewußten*, p. 30 (Ges. Werke VII, p. 151) をみよ。

（5） *Psychologische Typen*, pp. 661ff., 670ff. (Ges. Werke VI, pp. 503ff., 510ff.) ならびに *Die Besiehungen zwischen dem Ich und dem Unbewußten*, p. 117ff. (Ges. Werke VII, p. 207ff.) をみよ。

（6）心的現実の概念について、C・G・ユングの著作、とくに *Psychologische Typen*, p. 17ff. (Ges. Werke VI, p. 7ff.) を参照。

（7）ここで、Harding, E. のすぐれた著書 *The Way of all Women* を参照。

（8）〔古代北欧語でかかれたゲルマン神話の原典たる歌謡集。ネッケル他編『エッダ』（谷口幸男訳、新潮社、一九七三年）。〕

（9）Grimm, J., *Deutsche Mythologie* I, p. 115ff.

（10）同じく Grimm, J., I, p. 110.

（11）同じく Grimm, J., II, p. 725.

（12）Lévy-Bruhl, L., *Die geistige Welt der Primitiven* ならびに *Die Seele der Primitiven*.

（13）Jung, C. G., *Psychologische Typen*, p. 646f. (Ges. Werke VI, p.491ff.) を参照せよ。

（14）アニムスの形姿に関するすぐれた実例は文学作品の中に見うけられる。例えば：Fraser, A. R., *The Flying Draper* ならびに *Rose Anstey*; Hay, A. B. M., *The Evil Vineyard* 同様なものに、Flournoy, T., *Des Indes à la planète Mars. Etude sur un cas de somnambulisme avec glossolalie* がある。

（15）*Die Geheimlehre del Veda. Ausgewählte Texte der Upanishad's* (hg. von Deussen).〔ウパニシャッドとは

インド正統思想バラモン教の聖典ヴェーダ文献中のもっとも新しい部分に属する書。〕

（16） *Ausführliches Lexikon der griechischen und römischen Mythologie* (hg. von Roscher) I,《Dionysos》の項。

（17） Jung, C. G., *Psychologishe Typen,* p. 596 (Ges. Werke VI, p. 451f.) ならびに *Die Beziehungen zwischen dem Ich und dem Unbewußten*, p. 30 (Ges. Werke VII, p. 151) をみよ。

自然存在としてのアニマ

（1） *Lieder des Rg-Veda*, X, 95, p. 142ff.〔リグ・ヴェーダとはインド正統思想バラモン教の根本聖典ヴェーダ文献中の一つで、十巻よりなる。ヴェーダ文献中もっとも古く（紀元前一二〇〇年）、かつもっとも重要なもので、アリアン人の宗教、神話、生活態度を伝える。「世界古典文学全集3」（筑摩書房）参照。〕

（2） Mâdhyandina 派の校注による。〔ブラーフマナ、すなわちヴェーダ本集に対する説明的文献の一つ〕。

（3） アプサラ（水の中で動くものの意）は天国由来の水の精たちで、非常に美しく、唄と踊りに堪能である。その男性パートナーたちは、やはり音楽好きのガンダルバ (Gandharva) である。(*Encyclopedia of Religion and Ethics*, hg. von Hastings, I,《Apsaras》の項)

（4） Apuleius, *Die Metamorphosen oder Der goldene Esel.* また、Neumann, *Ein Beitrag zur seelischen Entwicklung des Weiblichen* (Apuleius, *Amor und Psyche* に対する注釈）をもみよ。〔アプレイウス『黄金のろば』（呉茂一訳、

岩波文庫)。ノイマン『アモールとプシケ――女性の心理的発達』〈河合隼雄監訳、紀伊國屋書店〉〕

（5） Kuhn, A., *Mythologische Studien*, I: *Die Herabkunft des Feuers und des Gätterranks*. ここではその息子は火としてとらえられている。

（6） *A Celtic Miscellany* による。また、Jubainville, A. D., *Le Cycle mythologique irlandais et la mythologie celtique* をも参照せよ。〔ともに文献蘭にあり〕

（7） Grimm, J., *Deutsche Mythologie*, I. p. 346.〔ワルキュリヤあるいはヴァルキューレはオーディンの娘か、人間ならば王の娘に限られる。オーディンの命を守り、純潔の処女でなければならぬ。オーディンの命により白馬を御し、投げ槍をひらめかしつつ戦場を疾駆し、戦死者中から勇者をえらびヴァルハーラの宮殿につれていく。ここへ運ばれることこそ勇者にとって最高の名誉である。オーディンの命に従う限り戦場にあっても彼女らは不死であり、半神的存在である。吉村貞司『ゲルマン神話』(読売新聞社)。グレンベック『北欧神話と伝説』(山室静訳、新潮社)〕

（8） 同じくGrimm, J., p. 347.〔ブリュンヒルデはシグドリファという名でかつてオーディンに仕えたワルキュリヤの一人。ブリュンヒルデとは人間の女としての彼女の名前〕

（9） 同じくGrimm, J., p. 354.

（10） *Edda*, 1; *Heldendichtung*, *Wölundlied*, p. 17f.〔ネッケル他編『エッダ』(谷口幸男訳、新潮社、

一九七三年、九三頁)〕

(11) つまり、ワルキュリヤ同様、彼女らも勝利と名誉の糸を紡いだことを意味する。

(12) M.-L. von Franz, *Archetypal Patterns in Fairy Tales* の五章をみよ。

(13) Grimm, J. の前掲書 (p.354) によれば、白鳥は予言の鳥である：Schwanenjungfrau（白鳥の乙女）の schwanen（… 予感する）＝ahnen（… 予感する）ということはこのことと関係があろう。

アイルランド神話の戦の鴉《カラス》は古代の戦の女神で、ワルキュリヤに近いが、禍の予言者として不吉な性格をよりつよくもつ。(MacCulloch, *The Religion of the Ancient Celts*, p. 71f. und passim.)

(14) 糸紡ぎ女としてのアニマについては、Jung, C. G., *Aion*, p.27f. (Ges. Werke IX, 2. Teil)

(15) fatum は託宣、予言（Walde, A., *Lateinisches etymologisches Wörterbuch* をみよ）のことである。

(16) *Das Nibelungenlied*, II, 25. Abenteuer, p. 122f.

(17) Sie swebten sam die vogele' vor im ûf der vluot. des dûhten in ir sinne' starc unde guot: swaz si im sagen wolden' er geloubte in dester baz.〔ハーゲン一行の旅についての彼女らの予言は不吉であり、そして事実そうなる〕

(18) Grimm, J. の前掲書 (I, p. 78) より引用。

(19) 《ut matres familias eorum sortibus et vaticinationibus declararent, utrum proelium committi ex usu esset, nec

ne》

（20） Grimm, J. の前掲書 (I, p. 361)。

（21）《quandam mulierem fatatam, sive quandam fatam, que alio nomine, nimpha, vel dea, vel adriades (dryal) appelatur》

（22） *Festschrift Albert Oeri zum 21.* September 1945.〔英語では Ambix, vol II: *Journal of the Society for the Study of Alchemy and Early Chemistry*, London, Dec. 1946.〕

（23） Jung, C. G., *Psychologische Aspekte des Mutterarchetypus* (Ges. Werke IX, I. Teil) をみよ。

（24） *Plato Sämtliche Werke* II.

（25） *Der Jäger und die Schwanenjungfrau* (*Deutsche Märchen seit Grimm* I., p. 133ff.)〔Paul Zaunert 編「狩人と白鳥」〕; *Die weiße und die schwarze Braut* (Brüder Grimm, *Kinder-und Hausmärchen*, I, Nr. 48〔「白い花嫁と黒い花嫁」〕ならびに *Die Rabe* (l. c. II, Nr. 87〔「カラス」〕); *Die Entenjungfrau* (*Russische Märchen*, Nr. 32〔「アヒルの乙女」〕; *Die Geschichte von Hasan, dem Bassoriten* (*Die Erzählungen aus 1001 Nacht*, IX〔千一夜物語、五七七話「ハッサンの冒険」〕)。

（26） ゲルマン神話、北欧神話によればガラスの山は彼岸の場所、死者の滞留所である。他の見方によれば、白鳥の乙女、妖精、魔法使い、侏儒といったものがそこに住む。多くの童話の中で人間は霊とか悪魔によってそこへみちびかれ、そこで救われる。(*Handwörterbuch des deutschen Aberglaubens* III,《Glasberg》の項)このガラスの山という彼岸の場所はおそらく無意識と同じに考えてよいだろう。

(27) Musäus, J. K., *Volksmärchen der Deutschen* II.〔*Märchen der Weltliteratur* に所収〕

(28) Jung, C. G., *Zum psychologischen Aspekt der Korefigur* (Ges. Werke IX, I. Teil).

(29) Goethe の詩 *Der Fischer* (Werke I, p. 171), Gottfried Kellers, *Winternacht* (Werke IX/I, p. 74) と *Nixe im Grundquell* (IX/II, p. 87), さらに Gerhardt Hauptmann, *Die versunkene Glocke* と Jean Giraudoux, *Ondine* をみよ。

(30) Grimm, J. の前掲書 (I, p. 360)。Kluge, *Etymologisches Wörterbuch der deutschen Sprache* によれば Minne は思い出、記憶、想起である。これは英語の mind とも関係があり、またインドゲルマン語の man, men=denken, meinen から発している。

(31) Bezzola の興味ある研究 (*Guillaume IX et les origines de l'amour courtois*) を参照せよ。

(32) Rhys, *Celtic Folklore. Welsh and Manx.*

(33) 妖精を防ぐ力が鉄にあるとされた。

(34) このことが徹底してえがかれているのに北欧の『森の女 (*Die Waldfrau*)』(*Nordische Volksmärchen*, Nr. 34) がある。森の中で出会った一人の美しい娘に魔法をかけられてしまった木こりの話である。毎夜彼女は自分の山へと彼をつれていく。そこではあらゆるものが、みたこともないほどきらびやかである。ある日彼が木を切っていると、女はみごとな銀の盆にのった食物をはこんできた。ところが切株に坐っている彼女が牝牛のしっぽをもっているのをみて、木こりはびっくりする。そのしっぽは木の裂け目におちこんでいる。木こりは急いでくさびをとりだし、しっぽをはさみこんで切断してしまう。それから彼は銀の盆の上にイエスの名を書く。するとたちまち女は消え、食物をのせた盆は牛の糞塊をのせた樹皮になってしまう。

（35） 鏡は迷信では魔法使いの道具として知られている。鏡の中に影や二重身がみられるので、鏡の働きは聖にして不合理（ヌミノーズ）である。魔法の鏡は世界中でおこっていることをうつし出したり、未来を知らせたり、総じて秘められたもの、隠されたものを示す。(*Handwörterbuch des deutschen Aberglaubens*, IX,《Spiegel》の項をみよ）

（36） Jung, C. G., *Paracelsica*, p. 157ff. をみよ。この物語はそこでくわしく述べられている。メルジーヌは錬金術的象徴やパラケルススのメルジーヌ解釈との関連で、アニマと解されている。

（37） Baring-Gould, *Curious Myths of the Middle Ages*, London, Oxford & Cambridge; Rivington, 1869, II, p.206ff.

（38） Maury, *Croyances et légendes du Moyen-Age*, Paris, 1895 による。

（39） Sharp, E. A., *William Sharp (Fiona Macleod). A Memoir, compiled by his wife Elizabeth A. Sharp.*

（40） Paracelsus, *Liber de Nymphis, Sylphis, Pygmaeis et Salamandris, et de caeteris spiritibus*, p. 60.

（41） 同じく Paracelsus, pp. 63, 62.

（42） La Motte-Fouqué, *Undine,* Hg. von J. Dohmke. Leipzig und Wien.〔英訳：trans. from the German by Edmund Gosse, London, Sidgwick & Jackson Ltd. 1912.〕

（43） Carl Gustev Carus, ; *Psyche,* Diederichs Verlag, Jena, 1926.

（44） Marie de France, *Les Lais,* Bibliotheca Romanica. (Hg. von J. H. Ed. Heitz) Straßburg 1921. (Wilhelm, Hertz; *Spielmannsbuch,* Stuttgart und Berlin 1912.)〔英訳：trans. by Jessie L. Weston, *Four Lais of Marie de France——Guingamor, Lanval, Tydet, Bisclavet.* D. Nutt, London 1910.〕

（45） よく似たドイツの民話をパラケルススが前掲書の六〇頁に書いている。また Brüder Grimm: *Deutsch Sagen,* II, p.202 にもある。スタウフェンブルグからきた一人の騎士がいた。或る日教会へ行く途中、森の入口にとても美しい娘が一人で坐っているのに会う。帰りにもやはり彼女はそこで彼を待っていた。そして彼女は自分が長い間彼を愛し彼をみまもり助けてきたことを打ちあける。そして二人は婚約する。この少女もまた、望みに応じて姿をあらわし金銀財宝をみつぐ妖精である。但し他の女性とまじわらないことを条件にしている。それにもかかわらず彼が家族の圧力に屈してそうしようとすると、はじめ彼女は警告をあたえ、ついで三日の内に秘かに死にいたらしめる。騎士をはじめから愛してきたこの娘の中に、騎士自身の内に属する女性性をみることは困難ではない。彼女の示す独占欲求はアニマ特有の特徴で、しばしば葛藤や紛糾をもたらすものである。

（46） MacCulloch の前掲書 1(p.362 ff.) 参照。

（47） このモチーフは Chrétien de Troyes 中の詩 *Ywain* と *Erec und Enide* で重要な役割を演じる。とくに後の詩は R. Bezzola が非常に入念な研究の対象としている (*Le Sens de l'aventure et de l'amour* <*Chrétien de Troyes*>)。そこでは、愛を失った英雄のしなければならぬもっとも困難な仕事とは、同じような敵、したがっていわば彼の二重身的人物と闘わねばならぬということである。そしてこれを克服するということは人を孤立においやる恋の魔力から自分を解き放ち、自分の妻とともに再び社会へ、そして世界へと帰っていくことを意味する。

（48） Barto, P. S., *Tannhäuser and the Mountain of Venus. A study in the legend of the Germanic Paradise.* を参照せよ。

（49） いくつかの異本では《魔女のヴィーナス》(Venus der Düvelinne) となっている。

（50） ここでは Venus がスイスの Verena になってる。

（51） Grimm, J., *Deutsche Mythologie* II, p. 780 をみよ。中世の後半にはドイツではヴィーナス山は聖盤と同一視された。それはこの聖盤といういい方が時とともに祝祭とか、歓楽とかの意味をもつようになったからである。

（52） この作品の入念な心理学的研究は、Fierz-David, *Der Liebestraum des Poliphilo* にある。
（53） Antoine de la Sale, *Le Paradis de la reine Sibylle* (hg. von Desonay).
（54） *Ausführliches Lexikon der griechischen und römischen Mythologie* (hg. von Roscher) IV,《Sibylla》の項をみよ。〔アイネーイス（ウェルギリウスの作になるラテン文学最大の叙事詩）によれば、トロイアの英雄アイネーイスが神命によりローマにおもむく途中クーマイで、これから自分の闘う戦の予言をきくためシビュレーを訪れ、彼女の言葉にしたがい黄金の枝を折り、彼女にみちびかれてアウエルヌスの洞窟より冥界におりる。二人は偽りの夢が人間に送られてくるという象牙の門をとおって地上に帰る〕
（55） 同右。
（56） Antoine de la Sale, *Le Paradis.*
（57）〔キュベレーはプリュギアのペッシヌースを中心地とした、アナトリア全体にわたって崇拝されていた大地女神。紀元前五世紀後半ごろにアッティカにもたらされ、ローマには紀元前四年、ペッシヌースにあった、崇拝の対象聖なる石とともにはこばれた〕
（58） オルペウスの賛歌の中ではキュベレーは「生命の保持者、あれ狂う情念の友」とよばれている。(*Orpheus. Altgriechische Mysteriengesänge*)
（59） この国は「母の領土」ともいわれるが、私は別の名のほうをとる。なぜならこの話では女性性の母性的様相ではなく、エロスの様相が前景に立っているからである。

（60） Kerényi, K., *Eranos Jahrbuch* XIV (1946).

（61） Jung, C. G. *Symbole der Wandlung*, pp. 513, 610 (Ges. Werke V).

（62） 同じく Jung, C. G. ならびに Neumann, *Ursprungsgeschichte des Bewußtseins*.

（63） Jung und Kerényi, *Einführung in das Wesen der Mythologie* (Ges. Werke IX, I. Teil). 〔コレーとは乙女の意。ギリシャ神話における秘教の女神。たとえばペレセポネとその母デーメーテールはコレーの名前で敬いおそれられた〕

（64） Jaffé, A. のすぐれた研究 *Bilder und Symbole aus E. T. A. Hoffmanns Märchen*《*Der Goldne Topf*》(Jung, C. G., *Gestaltungen des Unbewußten* に所収）参照。〔ホフマン『黄金の壺』（神品芳夫訳、岩波文庫）〕

（65） Benoit, P., *L'Atlantide*.

（66） Jung, C. G., *Zum psychologischen Aspekt der Korefigur* (Ges. Werke IX, I. Teil).

（67） Jung, C. G., *Symbole der Wandlung* ならびに Neumann, *Ursprungsgeschichte des Bewußtseins* をみよ。

（68） Jung, C. G., *Von den Wurzeln des Bewußtseins: Über die Archetypen des kollektiven Unbewußten*, pp. 44, 51 (Ges. Werke IX, I. Teil) また同じく Jung, *Symbolik des Geistes: Zur Phänomenologie des Geistes im Märchen*, p. 17ff. (Ges. Werke IX, Teil).

（69） Jung, C. G., *Psychologie und Alchemie* (Ges. Werke XII) ならびに Paracelcica (Ges. Werke XV).

（70） Jung, C. G., *Die Beziehungen zwischen dem Ich dem Unbewußten* (Ges. Werke VII)　ならびに Neumann, *Ursprungsgeschichte des Bewußtseins.*

（71） Jung, C. G., *Zum psychologischen Aspekt der Korefigur* (Ges. Werke IX I. Teil).

（72） *Volksmärchen der Deutschen* II.

（73） この童話は二人の間に生れた三人の娘の運命について語っているが、ここでは立入らない。

（74） Sharp, E. A. の前掲書 (p.26)。

（75） この偽名で最初に出版された書物は *Pharaïs* である。独訳は *Das Reich der Träume* と *Wind und Woge* という。

（76） Fierz-David, L. の前掲書 (p. 226f.) をみよ。

訳者あとがき

『内なる異性』とは「アニムス(Animus)とアニマ(Anima)」の意訳である。アニムス、アニマとは本書の著者エンマ・ユングの夫君で、二十世紀の深層心理学の創始者としての名声をジクムント・フロイドと二分するところのカール・ギュスターフ・ユング(C. G. Jung, 1875—1961)の造語であって、次のような特殊な意味をふくむ。

ふつう男とか女とか言われるとき、それは外面的、顕在的、意識的、実体的人格像以上でも以下でもないことが多い。しかし、こうした外面的人格を恰も補填するかのように、反対の性の人格要素が、いわば内面的人格として、われわれの内にひそむ。アニマとは男性の内なる女性的人格要因、アニムスとは女性にとっての内なる男性的要因の謂いである。

これは興味ある仮説といわねばなるまい。ユング心理学の最大の功績の一つを、アニマ、アニムス概念にみるといったら言いすぎだろうか。周知のとおりユングは、これを他のいくつかの、時代と文化を超えてみられる特徴的な心像とともに、元型ないし太古型とよんだが、元型かどうかはともかく、外面的人格に対して内面的異性的人格局面を配していく重層的構図には、よくある一重で平面的で退屈な男性論女性論に食傷した読者に、今一度この問題への関心を喚起させる力があると信じるが、どうであろうか。

もっとも「内なる異性」という意訳には若干正確さに欠けるところがある。一例をあげると、ふつう男性が一等最初にアニマに出会うのは外部世界の現実の女性においてであるから、内なるアニマは外からまずやってくる。精神分析のいう投影である。そして男がこの投影体の魅力にあまりにも長く深くひきとめられると、内的アニマを見出すことに彼は失敗することになる。内的アニマとの関係を見出せないとき、男性的意識的人格は内的女性的人格要素アニマを統合し真の意味で自己（ゼルプスト）を実現し個人となる（インディビデュアチオン）ことができない、とユンギヤンたちはいう。さらに今少し詳しくいえば、内的アニマにも二つあって、個人に属し意識的外面的男性性と仲よく統合される可能性のあるアニマと、今一つ、個人を超え集合的《コレクティヴ》無意識に属する元型であるところの、したがって個人的人格の統合の対象と元来なりえないところのアニマがあるという。このあたりになるとかなり難解で、「内なる異性」といっても単純ではない。

ともあれ、性とは男と女、内と外、個人と超個人、意識と無意識とが入りみだれる領域でこそはじめて解読され、そこにおいてはじめて全貌をあらわすはずの人間的事象であり、先に重層的構図といったのはその意味である。

＊　＊　＊

ユング夫人エンマは元来精神分析医でも心理学者でもないときく。そうだとすれば、元来この方面で素人であったはずの彼女は深層心理学者である夫の、しかもかなり特殊な学説をいつからここまで解するようになったのか、その理解が通り一遍でないことは本書を読めば明らかなだけに、おどろかされる。残念ながら訳者たちはエンマ・ユングについて次の三つのこと以上に何も知らない。一つはこの夫妻の知的世界の共有はしばしばフロイド夫妻の陰影的関係との対比において人々の賞賛をうけたこと、二つには本書に収録の前半「アニムスの問題のために」(Ein Beitrag zum Problem des Animus) は彼女四十九歳の折の、後半の「自然存在としてのアニマ」(Die Anima als Naturwesen) は七十三歳、すなわち没年のものであること、三つには、女性にしてはじめて語りうるという意味で本書の記述を、とくにアニムスについての部分を、C・G・ユングが高く評価し、そこから多くを学んだということ、以上である。

精神科医として同じように深層心理に関心をもっても、軽いノイローゼより重い精神病にかかわることの多い精神科医にはフロイドよりユングに魅かれる人が多いのではないか。筆者もどちらかというとその一人だが、それはユングがフロイドとちがって、医者としての早い時期から精神病の近くにいた人であることを知ればむしろ当然のことなのかもしれない。アニマとアニムスも精神病とくに統合失調症の世界を理解し再構成するのにも大いに役立つ概念だと筆者は思う。統合失調症の世界には性はことのほか重々しい主題として立ちあらわれる。もちろん自分の性についての深い混乱という意味においてであって、色情狂等といった呑気な話としてではない。神話や文学作品からの引用の少なくない本書をユンギヤンならざるわれわれが身のほど知らずにも訳出する羽目になったのも、右のような事情による。そしてそのことを記することをもって、訳文中にあるかもしれない、神話や文学作品への不十分な理解へのいいわけにさせていただきたいと思う。

＊　　＊　　＊

ユングのアニマとアニムスについては早く高橋義孝氏のたくみな紹介があった（『無意識』、新潮社、一時間文庫、昭和三十年)。今ひらいてみると「心の中の女性仮像・アニマ(男の女々しさ)」、「心の中の男性仮像・アニムス(女の片意地)」と軽妙なカッコ書きがしてある。その後河合隼雄氏(京大教授)のユング派の分析家としての紹介があらわれるようになり(『ユング心理学入門』、培風館、昭和四十二年。『コンプレックス』、岩波新書、昭和四十六年)、以来そこから多くをまなんだ。このユング夫人の書物も河合氏の御教示によって知ったものである。

本書には英訳本 (Animus and Anima; translated by C. F. Baynel and H. Nagel. Analytical Psychology Club of New York, 1957) があり、これを、鳥居智子氏がはやくからひもといておられたのを知っていたが、今回の訳出に際しては上記英訳本とともに、これについてノートをも鳥居さんから拝借し、参考にさせていただいた。

記して以上の諸氏に深謝する次第である。

昭和五十一年三月十四日

於名古屋

笠原　嘉

バウンダリー版へのあとがき

約四十年ぶりに本書を再刊していただくことになった。一時ほどユング心理学が話題にならなくなったときだけに、却って有難いと思う。海鳴社に感謝する。

私事に属するが、訳者らの係わる精神医学の世界では二十世紀の世紀末からフロイドやユングの深層心理が急速に力を失った。米国の先導で、世界のどこでも通じ誰にでもできるグローバルな診断学が二十一世紀の流行をさらっている。治療は薬物療法が中心で、加えるに精神療法は、効果を客観的に示せる認知行動療法などがご推奨で、人格的成長を目指す精神分析療法などはもはやお呼びでない。

それぞれの国語と文化をもつ諸国の精神医学を統一的にとらえようというのは、もちろん医学として望ましいことで異存はない。しかし、二十世紀に発展した深層心理学を客観化できないという理由だけで消去してしまうのは、暴挙ではないだろうか。近い将来、復活があることを願わずにはいられない。

我が国でも女性の社会進出がいよいよ現実のものになってきた今日、時宜を得たテーマと思う。とくに高学歴女性にとって一考に値するのではないか。女性自身にとってもそれを取り巻く男性にとっても。

民話や神話を多用する書物だけに、その方面の知識に自信のないわれわれも、できる限り調べたものの、訳書として瑕疵なしとする自信がない。識者のご教示をお願いする次第である。

平成二十五年二月

笠原　嘉

著者：Emma Jung（1882 − 1955）

1882 年シャフハウゼン（スイス）の実業家ラウシェンバッハ家に生まれる．カール・G．ユングが 21 歳のとき，エンマは 14 〜 15 歳であったが，カールはエンマをひと目見るや，"Das ist meine Frau!" と確信したという．1903 年カールと結婚．主著；Die Gralslegende in psychologicher Sicht (M.-L. von Franz と共著，Rascher Verlag, Zurich, 1960).

訳者：笠原　嘉〔かさはら　よみし〕

1928 年神戸に生れる．1952 年京都大学医学部卒業．精神医学専攻．京都大学医学部助教授，名古屋大学医学部教授，藤田保健衛生大学教授を経て，現在桜クリニック（名古屋市）名誉院長．著訳書多数．

吉本千鶴子〔よしもと　ちずこ〕

1926 年香川県に生れる．1947 年東京女子医専卒業．精神医学専攻．国立京都病院神経科などを歴任．

＊＊＊＊＊バウンダリー叢書＊＊＊＊＊

内なる異性──アニムスとアニマ──

2013 年 3 月 28 日　バウンダリー版第 1 刷発行
2023 年 7 月 24 日　バウンダリー版第 2 刷発行

発行所：㈱海 鳴 社　http://www.kaimeisha.com/

〒 101-0065　東京都千代田区西神田 2-4-6
Tel : 03-3262-1967　Fax : 03-3234-3643
E メール：kaimei@d8.dion.ne.jp

発行人：辻　信　行
組　版：海　鳴　社
印刷・製本：シナノ

出版社コード：1097

ISBN 978-4-87525-293-1